示 内 禾 穴 立 氺 皿 衤	衤	一 42 42 42 一 一	衣 襾 七画 見 角 言 谷 豆 豕 豸 貝 赤 走 足 身 車 辛 辰 辵 邑 酉 釆 里 臣 臼 麦 八画 金 長 門 阜 隶 隹 雨 青 非	衤 襾	63 一 一 64 一 一 65 一 66 一 67 67 一 68 一 68 69 69 69 一 一 一 一 一 70 72 一 74 一 76 76 76	食 斉 九画 面 革 韋 韭 音 頁 風 飛 食 首 香 十画 馬 骨 高 髟 鬥 鬯 鬲 鬼 竜 十一画 魚 鳥 鹵 鹿 麥 麻 黄 黒 亀	食	一 77 一 一 一 一 77 77 78 78 一 79 一 79 一 一 80 一 80 80 一 一 一 81	十二画 黄 黍 黒 黹 十三画 黽 鼎 鼓 鼠 十四画 鼻 齊 十五画 齒 十六画 龍 龜 十七画 龠	黄 黒 齊 歯 竜 亀	一 一 一 一 一 82 82 一 一 一 一 一
六画 竹 米 糸 缶 网 羊 羽 老 而 耒 耳 聿 肉 臣 自 至 臼 舌 舛 舟 艮 色 艸 虍 虫 血 行	四血 羽 月 臼 艹	43 44 44 一 一 一 45 45 一 一 46 一 46 47 一 一 一 一 一 47 一 51 一 63									

秋赤蜻蛉　42ページ

鳳蝶　80ページ

水黽　33ページ

浮塵子　35ページ

歩行虫　32ページ

大蚊　11ページ

天牛　12ページ

蟷螂　62ページ

椿象　30ページ

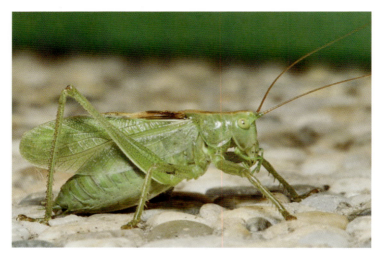

螽蟖　61ページ

鍬形　72ページ

難読誤読 昆虫名

漢字よみかた辞典

日外アソシエーツ

Guide to Reading
of
Insect Names Written in Kanji

Compiled by

Nichigai Associates, Inc.

©2016 by Nichigai Associates, Inc.

Printed in Japan

本書はディジタルデータでご利用いただくことができます。詳細はお問い合わせください。

●編集担当● 比良 雅治
装丁：クリエイティブ・コンセプト

刊行にあたって

　あめんぼ（水馬、水黽、飴坊）、かみきりむし（天牛）、かめむし（椿象）、てんとうむし（天道虫、瓢虫）など、昆虫の漢字表記には、漢字のもつ本来の意味とは無関係に音や訓を借りて字を当てはめる宛字も多く、紛らわしく、読めないものや読み誤るおそれのあるものが多い。昆虫図鑑や事典はカタカナ表記の五十音順構成で漢字表記からは引きづらく、漢和辞典では昆虫として調べようとしても記載が少なく、調査がつかないこともあるのが現状である。

　本書は、漢字表記された昆虫名のうち、一寸読み難いものや読み誤りやすいと思われるもの、幾通りにも読めるものなど〈難読・誤読〉の昆虫名を選び、その読み方を示したコンパクトな辞典である。昆虫名見出し467件と、その下に、逆引き昆虫名など、見出しの漢字表記を含む昆虫名1,534件、合計2,001件を収録している。見出しには、分類・大きさ、分布など、昆虫としての特色を示すとともに、季語としての季節や簡略な説明を付した。

　本書が昆虫の名前に親しむ1冊として、また学習用やクイズ用として広く利用されることを期待したい。

　2016年4月

　　　　　　　　　　　　　　　　　　　　日外アソシエーツ

凡　例

1．本書の内容
　本書は、漢字表記された昆虫・ムシ類の名前のうち、一般に難読と思われるもの、誤読のおそれのあるもの、幾通りもの読みのあるものを選び、その読み方を示した「よみかた辞典」である。昆虫名見出し467件と、その下に関連する逆引き昆虫名など1,534件、合計2,001件を収録した。

2．収録範囲および基準
1) 漢字表記された昆虫名のうち、一般的な名称や総称を見出しとして採用し、読みを示した。
2) 昆虫名の読みは現代仮名遣いを原則とした。
3) 見出し昆虫名には、分類、大きさ、季節などを簡潔に説明した。
4) 見出しの漢字表記を含む昆虫名を、関連項目として収録、表記・読み、分類が見出しと異なる場合はその説明も示した。

3．記載例

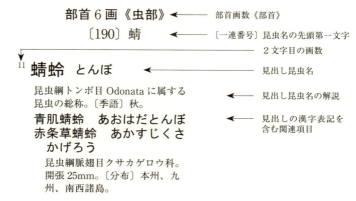

4. 排　列

1) 親字の排列

　　昆虫名の先頭第一文字目を親字とし、『康熙字典』の214部に分類して部首順に排列、同部首内では総画数順に排列して〔　〕で囲んだ一連番号を付した。

2) 昆虫名の排列

　　第二文字以降の総画順に排列、その第二字目の画数を見出しの前に記載した。第二字目が繰り返し記号「々」、ひらがな、カタカナの場合は「0」とみなした。同画数内では部首順に排列した。

5. 音訓よみガイド

本文親字の主要な字音・字訓を一括して五十音順に排列、同じ読みの文字は総画数順に、同画数の場合は本文で掲載されている順に排列、本文の一連番号を示した。

6. 部首・総画順ガイド

本文の親字を部首順に排列、同部首内では総画数順に排列して、その一連番号を示した。

7. 五十音順索引（巻末）

本文に収録した昆虫名のよみを五十音順に収録し、掲載ページを示した。見出し昆虫名は掲載ページを太字で、逆引きなど関連語は細字で表示した。

音訓よみガイド

（1）本文の親字（昆虫名の先頭第一漢字）の主要な
音訓よみを一括して五十音順に排列し、その親字
の持つ本文での一連番号を示した。
（2）同じ音訓よみの漢字は総画数順に、さらに同じ総
画数の文字は本文での排列の順に従って掲げた。

音訓よみガイド

【あ】

よみ	漢字	頁
アイ	矮	[122]
あお	青	[243]
あか	緋	[141]
	赤	[218]
あかがね	銅	[235]
あかざ	藜	[175]
あかね	茜	[160]
あき	秋	[125]
あくた	芥	[155]
あげる	挙	[57]
あざ	字	[35]
あざみ	薊	[174]
あし	脚	[149]
あせる	焦	[104]
あたらしい	新	[63]
あと	後	[51]
あひる	鶩	[259]
あぶら	脂	[148]
あぶらむし	蚜	[192]
あふれる	溢	[98]
あま	天	[30]
あまい	甘	[112]
あめ	天	[30]
	飴	[248]
あゆむ	歩	[86]
あり	蟻	[205]
あるく	歩	[86]
あわい	淡	[96]
あわせ	袷	[214]

【い】

よみ	漢字	頁
イ	熨	[105]
	蛵	[200]
	蟗	[204]
	衣	[212]
いえ	家	[38]
いく	行	[211]
いし	石	[123]
いそ	磯	[124]
イツ	溢	[98]
	鷸	[260]
いつわる	偽	[5]
いなご	蝗	[195]
	螽	[202]
いね	稲	[126]
いばら	棘	[76]
いも	薯	[172]
いれる	入	[6]
イン	隠	[239]

【う】

よみ	漢字	頁
ウ	烏	[103]
うお	魚	[254]
うく	浮	[95]
うしお	潮	[100]
うしろ	後	[51]
うすい	薄	[173]
ウツ	熨	[105]
うば	姥	[32]
うま	馬	[250]
うみ	海	[93]
うめ	梅	[75]
うめる	埋	[23]
うもれる	埋	[23]
うり	瓜	[110]
ウン	雲	[242]

【え】

よみ	漢字	頁
エ	衣	[212]
え	荏	[161]
エイ	泳	[92]
	瘞	[113]
えぐる	刳	[12]
えだ	枝	[70]
エツ	越	[219]
えび	蝦	[193]
えびす	胡	[147]
エン	円	[8]
	塩	[24]
	猿	[107]
	縁	[142]

【お】

よみ	漢字	頁
お	尾	[45]
おい	老	[144]
おいる	老	[144]
オウ	横	[80]
	黄	[261]
おう	負	[13]
おおきい	大	[28]
	巨	[47]
おおとり	鳳	[256]
おこなう	行	[211]
おさ	筬	[133]
おす	雄	[241]
おちる	落	[169]
おに	鬼	[253]
おもて	面	[244]
およぐ	泳	[92]
オン	隠	[239]

【か】

よみ	漢字	頁
カ	家	[38]
	寡	[41]
	果	[69]
	瓜	[110]
	花	[154]
	蚊	[179]
	蝸	[193]
	蝸	[194]
か	蚊	[179]
	蚋	[181]
ガ	牙	[106]
カイ	海	[93]
	芥	[155]
かいこ	蚕	[180]
かき	柿	[72]
かぎ	鉤	[233]
カク	角	[216]
ガク	額	[245]
かくれる	隠	[239]
かける	鉤	[233]
かし	樫	[84]
かしわ	柏	[73]

音訓よみガイド　　　　　　　こ

かすか	微	〔52〕	きば	牙	〔106〕	ケイ	薊	〔174〕
かたつむり	蝸	〔194〕	キャク	脚	〔149〕		螇	〔199〕
かたどる	象	〔217〕	ギャク	逆	〔224〕		鷄	〔208〕
カツ	蛞	〔146〕	キュウ	朽	〔68〕		鶏	〔258〕
	葛	〔165〕		灸	〔102〕	ケツ	子	〔34〕
	蠍	〔206〕		皀	〔116〕		蠍	〔206〕
かど	角	〔216〕		蚯	〔182〕	ゲツ	子	〔34〕
かね	金	〔231〕	キョ	巨	〔47〕	けら	螻	〔203〕
かぶら	蕪	〔171〕		挙	〔57〕	ケン	萱	〔168〕
かべ	壁	〔26〕	ギョ	魚	〔254〕		蜆	〔186〕
がま	蟆	〔198〕	きよい	浄	〔94〕	ゲン	原	〔14〕
かまど	竈	〔128〕	キョウ	蛺	〔189〕		芫	〔156〕
かまびすしい	聒	〔146〕	ギョウ	行	〔211〕		蜆	〔186〕
かみ	紙	〔136〕	キョク	棘	〔76〕			
	髪	〔251〕	キン	金	〔231〕	**【こ】**		
かむ	咬	〔18〕	ギン	銀	〔234〕			
かや	茅	〔157〕				コ	剠	〔12〕
	萱	〔168〕	**【く】**				胡	〔147〕
かよう	通	〔225〕					鼓	〔263〕
からし	芥	〔155〕	ク	蚯	〔182〕	こ	子	〔33〕
からす	烏	〔103〕		鉤	〔233〕		木	〔67〕
かわかす	乾	〔1〕	くさ	草	〔162〕		粉	〔135〕
カン	乾	〔1〕	くさい	臭	〔153〕	ゴ	後	〔51〕
	甘	〔112〕	くし	櫛	〔83〕		蜈	〔187〕
	邯	〔228〕	くす	樟	〔81〕	コウ	叩	〔16〕
ガン	芫	〔156〕	くず	葛	〔165〕		咬	〔18〕
かんばしい	皀	〔116〕	くちる	朽	〔68〕		後	〔51〕
			くつわ	轡	〔223〕		蝗	〔195〕
【き】			くび	首	〔249〕		行	〔211〕
			くも	雲	〔242〕		鉤	〔233〕
キ	寄	〔39〕	くら	倉	〔4〕		黄	〔261〕
	磯	〔124〕	くりや	厨	〔15〕	ゴウ	咬	〔18〕
	鬼	〔253〕	くろ	黒	〔262〕	こうむる	被	〔213〕
き	木	〔67〕	くろがね	鉄	〔232〕	こえる	越	〔219〕
	黄	〔261〕	くわ	桑	〔74〕	こおる	凍	〔9〕
ギ	偽	〔5〕		鍬	〔236〕	コク	石	〔123〕
	擬	〔60〕	グン	軍	〔222〕		穀	〔127〕
	蟻	〔205〕					黒	〔262〕
きくいむし	蠧	〔210〕	**【け】**			こけ	苔	〔158〕
きこり	樵	〔82〕				こげる	焦	〔104〕
キチ	吉	〔17〕	ケ	家	〔38〕	こごえる	凍	〔9〕
キツ	吉	〔17〕		芥	〔155〕	こころ	心	〔53〕
きぬ	衣	〔212〕	け	毛	〔88〕	こし	腰	〔151〕
きのこ	茸	〔163〕	ゲ	牙	〔106〕	こす	越	〔219〕

難読/誤読 昆虫名漢字よみかた辞典　(9)

さ　　　　　　　　音訓よみガイド

よみ	漢字	頁	よみ	漢字	頁	よみ	漢字	頁
こな	粉	[135]	しじみ	蜆	[186]	ジン	塵	[25]
こまかい	細	[138]	シツ	櫛	[83]		荏	[161]
ころも	衣	[212]		虱	[178]			
				蟋	[201]	【す】		
【さ】			ジツ	実	[37]			
				日	[64]	ス	鬚	[252]
サ	沙	[91]	しぬ	死	[87]	ズ	厨	[15]
	茶	[164]	しみ	蠹	[210]	スイ	悴	[54]
サイ	細	[138]	シャ	沙	[91]		水	[89]
	菜	[166]	シャク	尺	[44]		酸	[229]
さかな	魚	[254]		赤	[218]	すい	蟋	[197]
さからう	逆	[224]	ジャク	雀	[240]	ずいむし	螟	[197]
さける	避	[227]	しゃち	鯱	[255]	すくない	寡	[41]
ささ	笹	[131]	シュ	首	[249]	すける	透	[226]
ささら	簓	[134]		鬚	[252]	すすき	薄	[173]
さす	刺	[11]	シュウ	秋	[125]	すずしい	涼	[97]
さそり	蠍	[206]		臭	[153]	すずめ	雀	[240]
さつまふじ	荒	[156]		螽	[202]	すべて	総	[140]
さる	猿	[107]		鍬	[236]	すみ	角	[216]
サン	山	[46]	シュク	宿	[40]			
	蚕	[180]	シュツ	出	[10]	【せ】		
	酸	[229]	ショ	樢	[84]			
				薯	[172]	セイ	星	[65]
【し】			ジョ	薯	[172]		筬	[133]
			ショウ	小	[42]		蜻	[190]
シ	刺	[11]		招	[56]		青	[243]
	子	[33]		松	[71]	ゼイ	蚋	[181]
	枝	[70]		樟	[81]	せがれ	悴	[54]
	柿	[72]		樵	[82]	セキ	尺	[44]
	死	[87]		焦	[104]		石	[123]
	紙	[136]		獐	[108]		蹟	[215]
	紫	[139]		象	[217]		赤	[218]
	翅	[143]		青	[243]		蜥	[191]
	脂	[148]	ジョウ	常	[48]	せみ	仙	[2]
ジ	似	[3]		浄	[94]	セン	潜	[99]
	地	[22]		筬	[133]		簓	[134]
	字	[35]		茸	[163]			
	耳	[145]		食	[247]	【そ】		
じ	路	[221]	ショク	虱	[178]			
しお	塩	[24]	しらみ	白	[114]	ソ	鼠	[264]
	潮	[100]	しろ	銀	[234]	ソウ	倉	[4]
しぎ	鴫	[257]	しろがね	心	[53]		桑	[74]
	鷸	[260]	シン	新	[63]		槍	[79]
ジキ	食	[247]		榛	[78]		竈	[128]
				真	[119]			

(10)　難読/誤読 昆虫名漢字よみかた辞典

読み	漢字	頁
	総	〔140〕
	草	〔162〕
ゾウ	象	〔217〕

【た】

読み	漢字	頁
タ	太	〔29〕
タイ	大	〔28〕
	太	〔29〕
	腿	〔152〕
	苔	〔158〕
ダイ	大	〔28〕
たいら	平	〔49〕
たけ	竹	〔130〕
たけし	武	〔85〕
ただ	翅	〔143〕
たたく	叩	〔16〕
たつ	竜	〔129〕
たな	店	〔50〕
たべる	食	〔247〕
タン	淡	〔96〕
	短	〔121〕
ダン	団	〔20〕

【ち】

読み	漢字	頁
チ	地	〔22〕
ちいさい	小	〔42〕
チク	竹	〔130〕
チャ	茶	〔164〕
ちゃ	茶	〔164〕
チュウ	厨	〔15〕
	虫	〔177〕
チョウ	潮	〔100〕
	脹	〔150〕
	蛁	〔184〕
	蜩	〔191〕
	跳	〔220〕
	長	〔237〕
ちり	塵	〔25〕
チン	椿	〔77〕

【つ】

読み	漢字	頁
ツウ	通	〔225〕
つち	土	〔21〕
つつ	筒	〔132〕
つづみ	鼓	〔263〕
つと	苞	〔159〕
つね	常	〔48〕
つの	角	〔216〕
つばき	椿	〔77〕
つばさ	翅	〔143〕
つぶ	皀	〔116〕
つむぐ	紡	〔137〕
つら	面	〔244〕

【て】

読み	漢字	頁
テイ	汀	〔90〕
テツ	鉄	〔232〕
でる	出	〔10〕
テン	天	〔30〕
	店	〔50〕

【と】

読み	漢字	頁
ト	蠧	〔210〕
ド	土	〔21〕
	奴	〔31〕
トウ	凍	〔9〕
	灯	〔101〕
	稲	〔126〕
	筒	〔132〕
	螳	〔207〕
	透	〔226〕
ドウ	銅	〔235〕
とおす	通	〔225〕
とげ	棘	〔76〕
とぶ	蚉	〔192〕
	跳	〔220〕
	飛	〔246〕
ともしび	灯	〔101〕
とんぼ	蜻	〔190〕

【な】

読み	漢字	頁
な	菜	〔166〕
ながい	長	〔237〕
なぎさ	汀	〔90〕
なぞらえる	擬	〔60〕

【に】

読み	漢字	頁
にせ	偽	〔5〕
ニチ	日	〔64〕
ニュウ	入	〔6〕
にる	似	〔3〕
にわとり	鶏	〔258〕
ニン	荏	〔161〕

【ぬ】

読み	漢字	頁
ヌ	奴	〔31〕

【ね】

読み	漢字	頁
ねずみ	鼠	〔264〕
ねむる	眠	〔120〕

【の】

読み	漢字	頁
の	野	〔230〕
ノウ	嚢	〔19〕
のす	熨	〔105〕
のち	後	〔51〕
のろ	獐	〔108〕

【は】

読み	漢字	頁
バ	蟆	〔198〕
	馬	〔250〕
バイ	梅	〔75〕
はいる	入	〔6〕
ハク	柏	〔73〕
	白	〔114〕
	薄	〔173〕

音訓よみガイド

バク	蟆	[198]	**【ふ】**			ボウ	虻	[43]
はしばみ	榛	[78]					紡	[137]
はたす	果	[69]	フ	負	[13]		茅	[157]
はち	蜂	[185]		普	[66]	ボク	木	[67]
ハツ	髪	[251]		歩	[86]		鶩	[259]
はな	花	[154]		浮	[95]	ほし	星	[65]
はなつ	放	[61]		蜉	[188]	ほそい	細	[138]
はねる	跳	[220]	ブ	負	[13]			
はら	原	[14]		武	[85]	**【ま】**		
ハン	扁	[55]		歩	[86]			
	斑	[62]		蕪	[171]	マ	蟆	[198]
				鶩	[259]	マイ	埋	[23]
【ひ】			ふくべ	瓢	[111]	まける	負	[13]
			ふくれる	脹	[150]	まこと	真	[119]
ヒ	緋	[141]	ふくろ	嚢	[19]	まだら	斑	[62]
	蓖	[170]	ふける	老	[144]	まつ	松	[71]
	蜚	[192]	ふさ	総	[140]	まねく	招	[56]
	被	[213]	ふじもどき	芫	[156]	まるい	円	[8]
	轡	[223]	ふち	縁	[142]			
	避	[227]	ぶと	蟆	[198]	**【み】**		
	飛	[246]	ふとい	太	[29]			
ひ	日	[64]	ぶよ	蚋	[181]	み	実	[37]
	灯	[101]	フン	粉	[135]	みじかい	短	[121]
ビ	尾	[45]				みず	水	[89]
	微	[52]	**【へ】**			みせ	店	[50]
ひくい	矮	[122]				みち	路	[221]
ひぐらし	蜩	[191]	ヘイ	平	[49]	みのる	実	[37]
ひげ	鬚	[252]		蓖	[170]	みみ	耳	[145]
ひさご	瓢	[111]	ベイ	螟	[197]	ミョウ	螟	[197]
ひし	菱	[167]	ヘキ	壁	[26]	ミン	眠	[120]
ひそむ	潜	[99]	ベツ	蟞	[209]			
ひたい	額	[245]	へり	縁	[142]	**【む】**		
ひとり	孑	[34]	ヘン	扁	[55]			
ひのし	熨	[105]		蝙	[176]	ム	武	[85]
ヒャク	百	[115]		蝠	[196]		蕪	[171]
ヒュウ	皀	[116]				むくいぬ	尨	[43]
ヒョウ	瓢	[111]	**【ほ】**			むし	虫	[177]
	苞	[159]				むっつ	六	[7]
ヒョク	皀	[116]	ホ	歩	[86]	むらさき	紫	[139]
ひら	平	[49]	ホウ	放	[61]			
ひらたい	扁	[55]		苞	[159]	**【め】**		
				蜂	[185]			
				鳳	[256]	め	目	[117]

音訓よみガイド

メイ	螟	[197]	よい	吉	[17]
めくら	盲	[118]	ヨウ	咬	[18]
メン	面	[244]		揺	[59]
				腰	[151]
【も】			よこ	横	[80]
			よる	夜	[27]
モウ	孟	[36]		寄	[39]
	毛	[88]			
	盲	[118]	**【ら】**		
モク	木	[67]			
	目	[117]	ラ	蝸	[194]
もぐる	潜	[99]	ライ	藜	[175]
もてあそぶ	拼	[58]	ラク	落	[169]
ものさし	尺	[44]			
もも	百	[115]	**【り】**		
	腿	[152]			
			リク	六	[7]
【や】				陸	[238]
			リュウ	瑠	[109]
ヤ	夜	[27]		竜	[129]
	野	[230]	リョウ	涼	[97]
やい	家	[38]		菱	[167]
やいと	灸	[102]			
やつ	奴	[31]	**【る】**		
やっこ	奴	[31]			
やつれる	悴	[54]	ル	瑠	[109]
やど	宿	[40]			
やに	脂	[148]	**【れ】**		
やま	山	[46]			
やり	槍	[79]	レイ	藜	[175]
【ゆ】			**【ろ】**		
ユウ	蚰	[183]	ロ	路	[221]
	雄	[241]	ロウ	拼	[58]
ゆく	行	[211]		老	[144]
ゆする	揺	[59]		螻	[203]
ゆむし	螠	[200]	ロク	六	[7]
ゆれる	揺	[59]			
			【わ】		
【よ】					
			ワイ	矮	[122]
よ	夜	[27]			

部首・総画順ガイド

(1) 本文の親字（昆虫名の先頭第一漢字）を部首順に排列して、その親字の本文での一連番号を〔　〕に囲んで示した。
(2) 同じ部首内の漢字は総画数順に排列した。

部首・総画順ガイド

部首1画

乙部
- 乾　〔1〕

部首2画

人部
- 仙　〔2〕
- 似　〔3〕
- 倉　〔4〕
- 偽　〔5〕

入部
- 入　〔6〕

八部
- 六　〔7〕

冂部
- 円　〔8〕

冫部
- 凍　〔9〕

凵部
- 出　〔10〕

刀部
- 刺　〔11〕
- 剋　〔12〕

勹部
- 負　〔13〕

厂部
- 原　〔14〕
- 厨　〔15〕

部首3画

口部
- 叩　〔16〕
- 吉　〔17〕
- 咬　〔18〕
- 嚢　〔19〕

囗部
- 団　〔20〕

土部
- 土　〔21〕
- 地　〔22〕
- 埋　〔23〕
- 塩　〔24〕
- 塵　〔25〕
- 壁　〔26〕

夕部
- 夜　〔27〕

大部
- 大　〔28〕
- 太　〔29〕
- 天　〔30〕

女部
- 奴　〔31〕
- 姥　〔32〕

子部
- 子　〔33〕
- 孑　〔34〕
- 字　〔35〕
- 孟　〔36〕

宀部
- 実　〔37〕
- 家　〔38〕
- 寄　〔39〕
- 宿　〔40〕
- 寡　〔41〕

小部
- 小　〔42〕

尢部
- 尨　〔43〕

尸部
- 尺　〔44〕
- 尾　〔45〕

山部
- 山　〔46〕

工部
- 巨　〔47〕

巾部
- 常　〔48〕

干部
- 平　〔49〕

广部
- 店　〔50〕

彳部
- 後　〔51〕
- 微　〔52〕

部首4画

心部
- 心　〔53〕
- 悴　〔54〕

戸部
- 扁　〔55〕

手部
- 招　〔56〕
- 挙　〔57〕
- 拝　〔58〕
- 揺　〔59〕
- 擬　〔60〕

支部
- 放　〔61〕

文部
- 斑　〔62〕

斤部
- 新　〔63〕

日部
- 日　〔64〕
- 星　〔65〕
- 普　〔66〕

木部
- 木　〔67〕
- 朽　〔68〕
- 果　〔69〕
- 枝　〔70〕
- 松　〔71〕
- 柿　〔72〕
- 柏　〔73〕
- 桑　〔74〕
- 梅　〔75〕
- 楝　〔76〕
- 椿　〔77〕
- 榛　〔78〕
- 槍　〔79〕
- 横　〔80〕
- 樟　〔81〕
- 樵　〔82〕
- 櫛　〔83〕
- 櫧　〔84〕

止部
- 武　〔85〕
- 歩　〔86〕

歹部
- 死　〔87〕

毛部
- 毛　〔88〕

水部
- 水　〔89〕
- 汀　〔90〕
- 沙　〔91〕
- 泳　〔92〕
- 海　〔93〕
- 浄　〔94〕
- 浮　〔95〕
- 淡　〔96〕
- 涼　〔97〕
- 溢　〔98〕
- 潜　〔99〕
- 潮　〔100〕

火部
- 灯　〔101〕
- 灸　〔102〕
- 烏　〔103〕
- 焦　〔104〕
- 熨　〔105〕

牙部
- 牙　〔106〕

犬部
- 猿　〔107〕
- 獐　〔108〕

部首5画

玉部
- 瑠　〔109〕

瓜部
- 瓜　〔110〕
- 瓢　〔111〕

甘部
- 甘　〔112〕

疒部
- 瘦　〔113〕

白部
- 白　〔114〕
- 百　〔115〕
- 皀　〔116〕

目部
- 目　〔117〕
- 盲　〔118〕
- 真　〔119〕
- 眠　〔120〕

矢部
- 短　〔121〕
- 矮　〔122〕

石部
- 石　〔123〕
- 磯　〔124〕

禾部
- 秋　〔125〕
- 稲　〔126〕
- 穀　〔127〕

穴部
- 竈　〔128〕

立部
- 竜　〔129〕

部首6画

竹部
- 竹　〔130〕
- 笹　〔131〕
- 筒　〔132〕

部首・総画順ガイド

筬 〔133〕	萱 〔168〕	行部	鉤 〔233〕	**部首11画**
籭 〔134〕	落 〔169〕	行 〔211〕	銀 〔234〕	魚部
米部	蘿 〔170〕	衣部	銅 〔235〕	魚 〔254〕
粉 〔135〕	蕪 〔171〕	衣 〔212〕	鍬 〔236〕	鯢 〔255〕
糸部	薯 〔172〕	被 〔213〕	長部	鳥部
紙 〔136〕	薄 〔173〕	袷 〔214〕	長 〔237〕	鳳 〔256〕
紡 〔137〕	薊 〔174〕	襀 〔215〕	阜部	鳴 〔257〕
細 〔138〕	藜 〔175〕		陸 〔238〕	鶏 〔258〕
紫 〔139〕	蘠 〔176〕	**部首7画**	隠 〔239〕	鷲 〔259〕
総 〔140〕	虫部	角部	隹部	鶸 〔260〕
緋 〔141〕	虫 〔177〕	角 〔216〕	雀 〔240〕	
縁 〔142〕	虱 〔178〕	豕部	雄 〔241〕	**部首12画**
羽部	蚊 〔179〕	象 〔217〕	雨部	黄部
翅 〔143〕	蚕 〔180〕	赤部	雲 〔242〕	黄 〔261〕
老部	蚋 〔181〕	赤 〔218〕	青部	黒部
老 〔144〕	蚯 〔182〕	走部	青 〔243〕	黒 〔262〕
耳部	蚰 〔183〕	越 〔219〕		
耳 〔145〕	蛆 〔184〕	足部	**部首9画**	**部首13画**
聒 〔146〕	蜂 〔185〕	跳 〔220〕	面部	鼓部
肉部	蜆 〔186〕	路 〔221〕	面 〔244〕	鼓 〔263〕
胡 〔147〕	蜈 〔187〕	車部	頁部	鼠部
脂 〔148〕	蜉 〔188〕	軍 〔222〕	額 〔245〕	鼠 〔264〕
脚 〔149〕	蛺 〔189〕	轡 〔223〕	飛部	
脹 〔150〕	蜻 〔190〕	辵部	飛 〔246〕	
腰 〔151〕	蜩 〔191〕	逆 〔224〕	食部	
腿 〔152〕	蚩 〔192〕	通 〔225〕	食 〔247〕	
自部	蝦 〔193〕	透 〔226〕	飴 〔248〕	
臭 〔153〕	蝸 〔194〕	避 〔227〕	首部	
艸部	蝗 〔195〕	邑部	首 〔249〕	
花 〔154〕	蝙 〔196〕	邯 〔228〕		
芥 〔155〕	螟 〔197〕	酉部	**部首10画**	
芫 〔156〕	螓 〔198〕	酸 〔229〕	馬部	
茅 〔157〕	蟒 〔199〕	里部	馬 〔250〕	
苔 〔158〕	蠡 〔200〕	野 〔230〕	髟部	
苞 〔159〕	蟋 〔201〕		髪 〔251〕	
茜 〔160〕	蟊 〔202〕	**部首8画**	鬚 〔252〕	
茬 〔161〕	螻 〔203〕	金部	鬼部	
草 〔162〕	蠆 〔204〕	金 〔231〕	鬼 〔253〕	
茸 〔163〕	蟻 〔205〕	鉄 〔232〕		
茶 〔164〕	蠍 〔206〕			
葛 〔165〕	蟷 〔207〕			
菜 〔166〕	蟇 〔208〕			
菱 〔167〕	蠛 〔209〕			
	蠱 〔210〕			

難読/誤読 昆虫名漢字よみかた辞典

難読誤読 昆虫名漢字よみかた辞典

部首1画 《乙部》

〔1〕乾

乾酪蠅[13] ちーずばえ
昆虫綱双翅目チーズバエ科。体長3〜4mm。

部首2画 《人部》

〔2〕仙

仙人掌白介殻虫[2] さぼてんしろかいがらむし
昆虫綱半翅目マルカイガラムシ科。体長1〜2mm。サボテン類に害を及ぼす。〔分布〕南ヨーロッパ、ブルガリア、ニューメキシコ、デマララ。

〔3〕似

似我蜂[7] じがばち
昆虫綱膜翅目ジガバチ科。体長雌23mm,雄19mm。〔分布〕日本全土。〔季語〕春。

〔4〕倉

倉住馬[7] くらずみうま
昆虫綱直翅目カマドウマ科。体長15〜22mm。〔分布〕本州、四国、九州。

〔5〕偽

偽支那翅斑蚊[4] えせしなはまだらか
昆虫綱双翅目カ科。

偽叩頭虫[5] こめつきだまし
昆虫綱甲虫目コメツキダマシ科Eucnemidaeの昆虫の総称。
  アイヌ偽叩頭虫　あいぬこめつきだまし
  鬼偽叩頭虫　おにこめつきだまし
  櫛鬚溝偽叩頭虫　くしひげみぞこめつきだまし
  鬚細姫偽叩頭虫　ひげぼそひめこめつきだまし

偽米搗[6] こめつきだまし
昆虫綱甲虫目コメツキダマシ科Eucnemidaeの昆虫の総称。

偽歩行虫[8] ごみむしだまし
昆虫綱甲虫目ゴミムシダマシ科の甲虫。体長12mm。貯穀・貯蔵植物性食品に害を及ぼす。〔分布〕日本各地。
  奥蝦夷細偽歩行虫　おくえぞほそごみむしだまし
  鍬形偽歩行虫　くわがたごみむしだまし
  米偽歩行虫　こめのごみむしだまし
  瓢偽歩行虫　てんとうごみむしだまし
  鬚太偽歩行虫　ひげぶとごみ

むしだまし
瓢偽歩行虫　ひさごごみむしだまし
円胸偽歩行虫　まるむねごみむしだまし
紋黄偽歩行虫　もんきごみむしだまし
四瘤偽歩行虫　よつこぶごみむしだまし
四星偽歩行虫　よつぼしごみむしだまし
瑠璃偽歩行虫　るりごみむしだまし

偽金花虫
はむしだまし

昆虫綱甲虫目ゴミムシダマシ科の甲虫。体長7〜8mm。〔分布〕北海道、本州、四国、九州。

偽背高瓢虫[9]
せだかてんとうだまし

昆虫綱甲虫目テントウダマシ科の甲虫。体長7〜9mm。〔分布〕本州（紀伊半島の山地）。

偽瓢虫[16]
てんとうむしだまし

昆虫綱甲虫目テントウムシダマシ科Endomychidaeに属する昆虫の総称。

瑠璃偽瓢虫　るりてんとうだまし

偽擬蚊蜂[17]
かもどきばちもどき

昆虫綱膜翅目コマユバチ科。

部首2画《入部》

〔6〕入

入籠壁蝨[22]　いれこだに

節足動物門クモ形綱ダニ目イレコダニ科の総称。

部首2画《八部》

〔7〕六

六星瓢虫[9]
むつぼしてんとう

昆虫綱甲虫目テントウムシ科の甲虫。体長2.0〜2.6mm。〔分布〕本州。

六点波尺蛾
むつてんなみしゃく

昆虫綱鱗翅目シャクガ科ナミシャク亜科の蛾。開張20〜23mm。〔分布〕本州、朝鮮半島、中国東北、西部、シベリア南東部。

六紋長朽木虫[10]
むつもんながくちきむし

昆虫綱甲虫目ナガクチキムシ科の甲虫。体長6.7〜11.5mm。〔分布〕大和一軒茶屋、三国峠、中禅寺湖付近、十和田湖、剣山等。

六紋落文
むつもんおとしぶみ

昆虫綱甲虫目オトシブミ科の甲虫。体長6mm。〔分布〕本州、四国。

部首2画《冂部》

[8] 円

⁴円介殻虫　まるかいがらむし
昆虫綱半翅目マルカイガラムシ科に属する昆虫の総称。
　赤円介殻虫　あかまるかいがらむし
　黄円介殻虫　きまるかいがらむし
　杉円介殻虫　すぎまるかいがらむし
　竹白円介殻虫　たけしろまるかいがらむし
　蜜柑円介殻虫　みかんまるかいがらむし

¹⁰円翅牙蛾　まるはきばが
昆虫綱鱗翅目マルハキバガ科の蛾。
　鹿子円翅牙蛾　かのこまるはきばが
　穀円翅牙蛾　こくまるはきばが
　条紋黄円翅牙蛾　すじもんきまるはきばが
　紋白円翅牙蛾　もんしろまるはきばが

部首2画《冫部》

[9] 凍

⁹凍虻　いてあぶ
〔季語〕冬。冬の花などにくることのあるアブ。

¹³凍蜂　いてばち
〔季語〕冬。冬も寒くなってから迷い出たハチ。

¹⁵凍蝶　いてちょう
〔季語〕冬。冬も進んで、寒さにいためつけられたチョウ。

凍蝿　いてばえ
〔季語〕冬。冬の暖かい日に見られるハエ。

部首2画《凵部》

[10] 出

⁷出尾虫　けしきすい
昆虫綱甲虫目ケシキスイ科 Nitidulidae の昆虫の総称。
　赤腹出尾虫　あかはらけしきすい
　茸扁出尾虫　きのこひらたけしきすい
　黄斑出尾虫　きまだらけしきすい
　厨出尾虫　くりやけしきすい
　黒扁出尾虫　くろひらたけしきすい
　黒円出尾虫　くろまるけしきすい
　黒紋角出尾虫　くろもんかくけしきすい
　毛紋出尾虫　けもんけしきすい
　焦茶背円出尾虫　こげちゃせまるけしきすい
　尻黒大出尾虫　しりぐろおお

けしきすい
月輪円出尾虫　つきわまるけしきすい
波紋小出尾虫　なみもんこけしきすい
豹紋出尾虫　ひょうもんけしきすい
縁黒扁出尾虫　へりぐろひらたけしきすい
四星出尾虫　よつぼしけしきすい

部首2画《刀部》

[11] 刺

[6] 刺竹節虫　とげななふし
昆虫綱竹節虫目ナナフシ科。体長雌61〜71mm。〔分布〕本州、四国、九州。

刺虫　いらむし
〔季語〕秋。イラガの幼虫。
円刺虫　まるとげむし
昆虫綱甲虫目マルトゲムシ科 Byrrhidaeに属する昆虫の総称。

[13] 刺椿象　さしがめ
昆虫綱半翅目異翅亜目サシガメ科 Reduviidaeに属する昆虫の総称。
脂刺椿象　やにさしがめ

刺蛾　いらが
昆虫綱鱗翅目イラガ科の蛾。開張32〜34mm。柿、梅、アンズ、林檎、栗、茶、バラ類、楓（紅葉）、柘榴、百日紅、プラタナス、桜類に害を及ぼす。〔分布〕北海道から九州、対馬、朝鮮半島、シベリア南東部、中国。〔季語〕夏。

[16] 刺壁蝨　さしだに
節足動物門クモ形綱ダニ目中気門亜目のダニ類のうち、哺乳類および鳥類に寄生する吸血性の種類に対する包括的な呼称。

[12] 剄

[5] 剄石蚕　えぐりとびけら
昆虫綱毛翅目エグリトビケラ科。体長20〜25mm。〔分布〕北海道、本州、四国、九州。

[9] 剄飛螻　えぐりとびけら
昆虫綱毛翅目エグリトビケラ科。体長20〜25mm。〔分布〕北海道、本州、四国、九州。

部首2画《勹部》

[13] 負

[15] 負蝗虫　おんぶばった
昆虫綱直翅目オンブバッタ科。体長雄25mm、雌42mm。ダリア、サルビア、アフリカホウセンカ、鳳仙花、ケイトウ類、大豆、菊、アブラナ科野菜に害を及ぼす。〔分布〕北海道、本州、四国、九州、対馬、伊豆諸島。

部首2画 《厂部》

[14] 原

原阿亀蟋蟀[8] はらおかめこおろぎ

昆虫綱直翅目コオロギ科。ミツカドコオロギに似て小形。体長13〜20mm。アブラナ科野菜に害を及ぼす。〔分布〕本州（東北南部以南）、四国、九州。

[15] 厨

厨出尾虫[5] くりやけしきすい

昆虫綱甲虫目ケシキスイ科の甲虫。別名ムロムシ。体長2〜4mm。貯穀・貯蔵植物性食品に害を及ぼす。〔分布〕日本全国。

部首3画 《口部》

[16] 叩

叩頭虫[16] こめつきむし

昆虫綱甲虫目コメツキムシ科Elateridaeに属する昆虫の総称。〔季語〕夏、秋。

赤脚大櫛叩頭虫　あかあしおおくしこめつき
赤姫擬叩頭虫　あかひめこめつきもどき
姥吉丁叩頭虫　うばたまこめつき
榎擬叩頭虫　えのきこめつきだまし
大櫛角叩頭虫　おおくしひげこめつき
鬼偽叩頭虫　おにこめつきだまし
樺色叩頭虫　かばいろこめつき
黄胸姫擬叩頭虫　きむねひめこめつきもどき
櫛叩頭虫　くしこめつき
櫛鬚溝偽叩頭虫　くしひげみぞこめつきだまし
吻太叩頭虫　くちぶとこめつき
黒艶肌叩頭虫　くろつやはだこめつき
芥子擬叩頭虫　けしこめつきもどき
小花叩頭虫　こはなこめつき
偽叩頭虫　こめつきだまし，こめつきもどき
　昆虫綱甲虫目コメツキダマシ科Eucnemidaeの昆虫の総称。
茶翅櫛叩頭虫　ちゃばねくしこめつき
鳶色胸細叩頭虫　とびいろむなぼそこめつき
角叩頭虫　ひげこめつき
鬚太叩頭虫　ひげぶとこめつき
鬚細姫偽叩頭虫　ひげぼそひめこめつきだまし
　昆虫綱甲虫目コメツキダマシ科の甲虫。体長4.7〜6.6mm。〔分布〕北海道、本州。
姫黄斑叩頭虫　ひめきまだらこめつき
紅叩頭虫　べにこめつき
縁胸豆叩頭虫　へりむねまめこめつき
斑矮叩頭虫　まだらちびこめつき

口部（吉, 咬）

丸首櫛叩頭虫　まるくびくしこめつき
雌赤黄斑叩頭虫　めすあかきまだらこめつき
眼高艶肌叩頭虫　めだかつやはだこめつき

叩頭虫　ぬかずきむし
〔季語〕夏。コメツキムシ科の甲虫の総称。

〔17〕吉

²吉丁虫　きっちょうむし
〔季語〕夏。玉虫の別称。

吉丁虫　たまむし
昆虫綱甲虫目タマムシ科の甲虫。別名ヤマトタマムシ。金緑色の美しい光沢をもつ。体長30〜41mm。桃、スモモ、桜類、柿に害を及ぼす。〔分布〕本州、四国、九州、佐渡、対馬、屋久島。〔季語〕夏。

綾胸条吉丁虫　あやむねすじたまむし
姥吉丁虫　うばたまむし
梅矮吉丁虫　うめちびたまむし
金色剖吉丁虫　きんいろえぐりたまむし
葛矮吉丁虫　くずのちびたまむし
栗吉丁虫　くりたまむし
黒吉丁虫　くろたまむし
黒長吉丁虫　くろながたまむし
欅長吉丁虫　けやきながたまむし
白毛長吉丁虫　しらけながたまむし
白星長吉丁虫　しらほしながたまむし
白帯中細吉丁虫　しろおびなかぼそたまむし
白鮎長吉丁虫　しろてんながたまむし
昆虫綱甲虫目タマムシ科の甲虫。体長5.2〜8.5mm。〔分布〕本州、四国、九州。
段多羅矮吉丁虫　だんだらちびたまむし
爪赤長扁吉丁虫　つめあかながひらたたまむし
棘二尾吉丁虫　とげふたおたまむし
波形矮吉丁虫　なみがたちびたまむし
灰色扁矮吉丁虫　はいいろひらたちびたまむし
菱紋長吉丁虫　ひしもんながたまむし
姫扁吉丁虫　ひめひらたたまむし
扁矮吉丁虫　ひらたちびたまむし
細脚長吉丁虫　ほそあしながたまむし
細筒吉丁虫　ほそつつたまむし
蜜柑長吉丁虫　みかんながたまむし
六星吉丁虫　むつぼしたまむし
柳矮吉丁虫　やなぎちびたまむし

〔18〕咬

¹⁶咬壁蝨　かぶりだに
節足動物門クモ形綱ダニ目ダニ科Phytoseiidaeのダニの総称。

[19] 囊

囊虫[6] のうちゅう
別名キスチケルクス。ジョウチュウ類のうちのムコウジョウチュウやユウコウジョウチュウなどの幼虫。

部首3画《口部》

[20] 団

団扇蜻蜓[10] うちわやんま
昆虫綱蜻蛉目サナエトンボ科の蜻蛉。体長70mm。〔分布〕本州、四国、九州。

部首3画《土部》

[21] 土

土斑猫[12] つちはんみょう
昆虫綱甲虫目ツチハンミョウ科Meloidaeに属する昆虫の総称。

土棲蜂 つちすがり
昆虫綱膜翅目ジガバチ科。体長7〜14mm。〔分布〕日本全土。

土棲蜂 つちすがり
昆虫綱膜翅目アナバチ科の一種、または同属のハチの総称。

[22] 地

地胆[9] つちはんみょう
昆虫綱甲虫目ツチハンミョウ科Meloidaeに属する昆虫の総称。

円首地胆 まるくびつちはんみょう
昆虫綱甲虫目ツチハンミョウ科の甲虫。体長9〜27mm。〔分布〕北海道、本州、四国、九州、対馬。

[23] 埋

埋葬虫[12] しでむし
昆虫綱甲虫目シデムシ科Silphidaeに属する昆虫の総称。

櫛角矮埋葬虫　くしひげちびしでむし
黒埋葬虫　くろしでむし
小黒埋葬虫　こくろしでむし
白帯擬埋葬虫　しらおびしでむしもどき
扁埋葬虫　ひらたしでむし
腿太埋葬虫　ももぶとしでむし
大和紋埋葬虫　やまともんしでむし
四星紋埋葬虫　よつぼしもんしでむし

[24] 塩

塩麩子耳附子[15] ぬるでみみふし
昆虫綱半翅目アブラムシ科。別名ヌルデノシロアブラムシ。ナンキンハゼ、ハゼ、ヌルデ、ニワウルシに害を及ぼす。

[25] 塵

塵埃蜘蛛　ごみぐも

節足動物門クモ形綱真正クモ目コガネグモ科の蜘蛛。体長雌12〜15mm,雄7〜8mm。〔分布〕本州、四国、九州、南西諸島。

[26] 壁

壁蝨　だに

人や動物についてその血を吸ったりする。節足動物門クモ形綱ダニ目Acarinaに属する陸生動物の総称。〔季語〕夏。

家壁蝨　いえだに
家肉壁蝨　いえにくだに
糸壁蝨　いとだに
犬壁蝨　いぬだに
入籠壁蝨　いれこだに
羽毛壁蝨　うもうだに
尾牛真壁蝨　おうしまだに
桜桃葉壁蝨　おうとうはだに
泳壁蝨　およぎだに
被壁蝨　かぶりだに
　節足動物門クモ形綱ダニ目ダニ科Phytoseiidaeのダニの総称。
咬壁蝨　かぶりだに
黄血真壁蝨　きちまだに
吸吮皮癬壁蝨　きゅうせんひぜんだに
栗色小板真壁蝨　くりいろこいたまだに
毛壁蝨　けだに
毛長粉壁蝨　けながこなだに
毛持壁蝨　けもちだに
蝙蝠壁蝨　こうもりだに
粉壁蝨　こなだに
簓壁蝨　ささらだに
刺壁蝨　さしだに
砂糖壁蝨　さとうだに
錆壁蝨　さびだに
錆壁蝨　さびだに
鞘脚肉壁蝨　さやあしにくだに
虱壁蝨　しらみだに
宝壁蝨　たからだに
爪壁蝨　つめだに
天狗壁蝨　てんぐだに
棘壁蝨　とげだに
流壁蝨　ながれだに
並葉壁蝨　なみはだに
面皰壁蝨　にきびだに
肉壁蝨　にくだに
沼壁蝨　ぬまだに
根壁蝨　ねだに
蝿壁蝨　はえだに
葉壁蝨　はだに
皮癬壁蝨　ひぜんだに
姫壁蝨　ひめだに
表皮壁蝨　ひょうひだに
二刺血真壁蝨　ふたとげちまだに
振袖壁蝨　ふりそでだに
埃壁蝨　ほこりだに
真壁蝨　まだに
蜜柑葉壁蝨　みかんはだに
水壁蝨　みずだに
寄生壁蝨　やどりだに
林檎葉壁蝨　りんごはだに

部首3画 《夕部》

[27] 夜

夜蛾 やが
[13]
昆虫綱鱗翅目ヤガ科Noctuidaeの総称。〔季語〕夏。
淡紅小夜蛾　うすべにこやが
房夜蛾　ふさやが

部首3画 《大部》

[28] 大

大久保簓象鼻虫 おおくぼささらぞうむし
[3]
昆虫綱甲虫目ゾウムシ科の甲虫。体長2.5mm。〔分布〕四国。

大長角蜻蛉 おおつのとんぼ
[8]
昆虫綱脈翅目ツノトンボ科。開張85mm。〔分布〕本州、四国、九州。

大蚊 おおか
[10]
〔季語〕夏。長く細い脚をもつ虫で、蚊を大きくしたようなもの。

大蚊 ががんぼ
昆虫綱双翅目糸角亜目カ群カガンボ科Tipulidaeの昆虫の総称。
淡黄縞縁大蚊　うすきしまへりががんぼ
淡黄翅姫大蚊　うすきばねひめががんぼ
薄翅大蚊　うすばががんぼ
帯腰細大蚊　おびこしほそががんぼ
大蚊蜉蝣　ががんぼかげろう
擬大蚊　ががんぼもどき
絣大蚊　かすりががんぼ
絣姫大蚊　かすりひめががんぼ
黄色細大蚊　きいろほそががんぼ
黄腰大蚊　きごしががんぼ
黄腹大蚊　きばらががんぼ
岐阜大名大蚊　ぎふだいみょうががんぼ
切蛆大蚊　きりうじががんぼ
吻大蚊　くちばしががんぼ
黒姫擬大蚊　くろひめががんぼもどき
桑名尾太大蚊　くわなしりぶとががんぼ
小斑姫大蚊　こまだらひめががんぼ
尾太大蚊　しりぶとががんぼ
大名大蚊　だいみょうががんぼ
十和田大蚊　とわだおおか
日本大蚊　にっぽんががんぼ
日本偽大蚊　にっぽんががんぼだまし
腹長櫛鬚大蚊　はらながくしひげががんぼ
鬚尾太大蚊　ひげしりぶとががんぼ
姫切蛆大蚊　ひめきりうじががんぼ
鼈甲大蚊　べっこうががんぼ
星姫大蚊　ほしひめががんぼ
細姫大蚊　ほそひめががんぼ
前黄大蚊　まえきががんぼ
斑大蚊　まだらががんぼ

窓大蚊　まどががんぼ
帝大蚊　みかどががんぼ
三条大蚊　みすじががんぼ

大蚊蜉蝣
ががんぼかげろう

昆虫綱蜉蝣目フタオカゲロウ科。〔分布〕大和、山城、丹波、伊勢。

[11] 大黒鳶盲亀虫
おおくろとびかすみかめ

昆虫綱半翅目カスミカメムシ科。体長2.5〜3.0mm。サツマイモに害を及ぼす。〔分布〕本州、四国、九州。

[13] 大鼓虫
おおみずすまし

〔季語〕夏。ミズスマシ科の昆虫。池や沼や川の水面をくるくると輪を描いて旋回する。

[14] 大塵芥虫
おおごもくむし

昆虫綱甲虫目オサムシ科の甲虫。体長18〜24mm。〔分布〕北海道、本州、四国、九州。

大銀蜘蛛
おおしろかねぐも

節足動物門クモ形綱真正クモ目アシナガグモ科の蜘蛛。体長雌13〜15mm、雄7〜10mm。〔分布〕本州（中・南部）、四国、九州、南西諸島。

[16] 大頭蟻　おおずあり

昆虫綱膜翅目アリ科。〔分布〕日本各地。

[17] 大擬桑蚕蛾
おおくわごもどき

昆虫綱鱗翅目カイコガ科の蛾。開張38〜46mm。〔分布〕北海道、本州、四国、九州。

大櫛角叩頭虫
おおくしひげこめつき

昆虫綱甲虫目コメツキムシ科の甲虫。体長21〜33mm。〔分布〕北海道、本州、四国、九州、対馬、南西諸島、伊豆諸島。

〔29〕太

[13] 太鼓虫　たいこむし

〔季語〕夏。トンボの子供のこと。

〔30〕天

[4] 天牛　かみきり

〔季語〕夏。カミキリムシ科に属する甲虫。口先が鋭く、髪の毛をはさみで切ってしまうことからこの名がある。

天牛　かみきりむし

昆虫綱甲虫目カミキリムシ科Cerambycidaeに属する昆虫の総称。
青擬天牛　あおかみきりもどき
青条天牛　あおすじかみきり
銅天牛　あかがねかみきり
赤根天牛　あかねかみきり
赤根虎天牛　あかねとらかみきり
麻天牛　あさかみきり
後紋円芥子天牛　あともんま

大部（天）

るけしかみきり
飴色天牛　あめいろかみきり
粗目花天牛　あらめはなかみきり
家天牛　いえかみきり
板屋天牛　いたやかみきり
牛面天牛　うしづらかみきり
淡黒擬天牛　うすぐろかみきりもどき
薄翅天牛　うすばかみきり
　昆虫綱甲虫目カミキリムシ科ノコギリカミキリ亜科の甲虫。体長30〜50mm。林檎、桜類に害を及ぼす。〔分布〕日本全土。
刳虎天牛　えぐりとらかみきり
大青天牛　おおあおかみきり
大久保天牛　おおくぼかみきり
楓縁黒花天牛　かえでのへりぐろはなかみきり
春日黄紋天牛　かすがきもんかみきり
郭公天牛　かっこうかみきり
郭公眼高天牛　かっこうめだかかみきり
加藤擬天牛　かとうかみきりもどき
鹿子錆天牛　かのこさびかみきり
擬天牛　かみきりもどき
　昆虫綱甲虫目カミキリモドキ科Oedemeridaeに属する昆虫の総称。
唐金花天牛　からかねはなかみきり
黄色擬天牛　きいろかみきりもどき
菊吸天牛　きくすいかみきり
　昆虫綱甲虫目カミキリムシ科フトカミキリ亜科の甲虫。体長6〜9mm。菊に害を及ぼす。〔分布〕北海道、本州、四国、九州、佐渡、屋久島。〔季語〕秋。
黄頸擬天牛　きくびかみきりもどき
黄条虎天牛　きすじとらかみきり
黄翅擬天牛　きばねかみきりもどき
黄翅偽葉虫花天牛　きばねにせはむしはなかみきり
黄縁肩広花天牛　きべりかたびろはなかみきり
黄星天牛　きぼしかみきり
樟紅天牛　くすべにかみきり
黒天牛　くろかみきり
黒擬天牛　くろかみきりもどき
黒細小翅天牛　くろほそこばねかみきり
桑天牛　くわかみきり
　昆虫綱甲虫目カミキリムシ科フトカミキリ亜科の甲虫。体長36〜52mm。ビワ、林檎、桑、アオギリ、柘榴、百日紅、プラタナス、キイチゴ、桜類、柿に害を及ぼす。〔分布〕本州、四国、九州、伊豆諸島。〔季語〕夏。大型の褐色のカミキリで、桑の木の害虫。
毛太花天牛　けぶとはなかみきり
胡麻斑天牛　ごまだらかみきり
胡麻斑天牛　ごまふかみきり
白条天牛　しらすじかみきり
　〔季語〕夏。
白星天牛　しらほしかみきり
尻長擬天牛　しりながかみきりもどき
白条天牛　しろすじかみきり

白条胴細天牛　しろすじどうぼそかみきり
白虎天牛　しろとらかみきり
白縁虎天牛　しろへりとらかみきり
杉天牛　すぎかみきり
杉赤根虎天牛　すぎのあかねとらかみきり
滝口腿太細天牛　たきぐちもも ぶとほそかみきり
竹虎天牛　たけとらかみきり
縦縞天牛　たてじまかみきり
鉄色花天牛　てついろはなかみきり
尖白帯錆天牛　とがりしろおびさびかみきり
尖翅赤根虎天牛　とがりばあかねとらかみきり
棘翅天牛　とげばかみきり
棘鬚虎天牛　とげひげとらかみきり
虎天牛　とらかみきり
　昆虫綱甲虫目カミキリムシ科の一群Clytiniに属する昆虫の総称。
虎斑天牛　とらふかみきり
　昆虫綱甲虫目カミキリムシ科カミキリ亜科の甲虫。体長15〜25mm。桑に害を及ぼす。〔分布〕小笠原諸島をのぞく日本全土。〔季語〕夏。
虎斑細翅天牛　とらふほそばねかみきり
長胡麻斑天牛　ながごまふかみきり
長翅姫花天牛　ながばひめはなかみきり
新島虎天牛　にいじまとらかみきり
根白天牛　ねじろかみきり
鋸天牛　のこぎりかみきり

灰色擬天牛　はいいろかみきりもどき
灰色矢筈天牛　はいいろやはずかみきり
花天牛　はなかみきり
　昆虫綱甲虫目カミキリムシ科ハナカミキリ亜科Lepturinaeの昆虫の総称。
鬚長姫瑠璃天牛　ひげながひめるりかみきり
菱天牛　ひしかみきり
一帯粗毛天牛　ひとおびあらげかみきり
姫杉天牛　ひめすぎかみきり
総鬚瑠璃天牛　ふさひげるりかみきり
二瘤瑠璃花天牛　ふたこぶるりはなかみきり
葡萄虎天牛　ぶどうとらかみきり
太天牛　ふとかみきり
　昆虫綱甲虫目カミキリムシ科フトカミキリ亜科Lamiinaeの昆虫の総称。
星紅天牛　ほしべにかみきり
細天牛　ほそかみきり
蛍天牛　ほたるかみきり
松斑天牛　まつのまだらかみきり
円形花天牛　まるがたはなかみきり
深山天牛　みやまかみきり
深山擬天牛　みやまかみきりもどき
胸瘤花天牛　むなこぶはなかみきり
胸溝花天牛　むなみぞはなかみきり
胸紋八星天牛　むねもんやつぼしかみきり
腿黒花天牛　ももぐろはなか

大部(天)

みきり
腿太花天牛　ももぶとはなかみきり
八目天牛　やつめかみきり
横山虎天牛　よこやまとらかみきり
四黄星天牛　よつきぼしかみきり
四条虎天牛　よつすじとらかみきり
四星天牛　よつぼしかみきり
琉球瑠璃星天牛　りゅうきゅうるりぼしかみきり
瑠璃天牛　るりかみきり
瑠璃星天牛　るりぼしかみきり

昆虫綱甲虫目カミキリムシ科カミキリ亜科の甲虫。体長16～30mm。〔分布〕北海道、本州、四国、九州、屋久島。〔季語〕夏。

天仙果小蜂　いぬびわこばち

昆虫綱膜翅目イチジクコバチ科。体長雌1.7mm、雄1.4mm。〔分布〕本州、四国、九州。

天社蛾　しゃちほこ

昆虫綱鱗翅目シャチホコガ科ウチキシャチホコ亜科の蛾。
青翅天社蛾　あおばしゃちほこ
赤天社蛾　あかしゃちほこ

昆虫綱鱗翅目シャチホコガ科ウチキシャチホコ亜科の蛾。開張38～50mm。〔分布〕本州（青森県まで）、四国、九州。

淡黒天社蛾　うすぐろしゃちほこ
内黄天社蛾　うちきしゃちほこ
大青天社蛾　おおあおしゃちほこ
大刳天社蛾　おおえぐりしゃちほこ
樺色天社蛾　かばいろしゃちほこ
樺色木目天社蛾　かばいろもくめしゃちほこ
黄刳天社蛾　きえぐりしゃちほこ
銀紋天社蛾　ぎんもんしゃちほこ
首輪天社蛾　くびわしゃちほこ
黒星天社蛾　くろてんしゃちほこ

昆虫綱鱗翅目シャチホコガ科ウチキシャチホコ亜科の蛾。開張48～55mm。〔分布〕沿海州、北海道、本州、四国、対馬。

白条天社蛾　しろすじしゃちほこ
褄黄天社蛾　つまきしゃちほこ
褄白天社蛾　つまじろしゃちほこ
中条天社蛾　なかすじしゃちほこ
日光天社蛾　にっこうしゃちほこ
灰色天社蛾　はいいろしゃちほこ
雛天社蛾　ひなしゃちほこ
姫天社蛾　ひめしゃちほこ
細翅天社蛾　ほそばしゃちほこ
前白天社蛾　まえじろしゃちほこ
椋褄黄天社蛾　むくつまきしゃちほこ
紋黄白天社蛾　もんきしろ

しゃちほこ
紋黒銀天社蛾　もんくろぎんしゃちほこ
紋黒天社蛾　もんくろしゃちほこ

[10]天蚕　やままゆ
〔季語〕夏。ヤママユガ科に属する大型のガ。前後翅に一つずつある円い斑紋が特徴。

[12]天道虫　てんとうむし
昆虫綱甲虫目テントウムシ科の甲虫。体長5〜8mm。〔分布〕北海道、本州、四国、九州、対馬、南西諸島。

[13]天蛾　すずめが
昆虫綱鱗翅目スズメガ科Spihingidaeの昆虫の総称。〔季語〕夏。
一本背条天蛾　いっぽんせすじすずめ
家天蛾　うちすずめ
雲紋天蛾　うんもんすずめ
蝦夷霜降天蛾　えぞしもふりすずめ
蝦殻天蛾　えびがらすずめ
大霜降天蛾　おおしもふりすずめ
黄色天蛾　きいろすずめ
銀星天蛾　ぎんぼしすずめ
銀紋擬天蛾　ぎんもんすずめもどき
朽葉天蛾　くちばすずめ
車天蛾　くるますずめ
黒天蛾　くろすずめ
黒点剣紋天蛾　くろてんけんもんすずめ
黒面形天蛾　くろめんがたすずめ
小内天蛾　こうちすずめ
小蝦殻天蛾　こえびがらすずめ
小天蛾　こすずめ
小波天蛾　さざなみすずめ
霜降天蛾　しもふりすずめ
背条天蛾　せすじすずめ
鳶色天蛾　とびいろすずめ
鋸天蛾　のこぎりすずめ
翅長葡萄天蛾　はねながぶどうすずめ
瓢天蛾　ひさごすずめ
姫内天蛾　ひめうちすずめ
姫朽葉天蛾　ひめくちばすずめ
天鵞絨天蛾　びろうどすずめ
脹天蛾　ふくらすずめ
葡萄天蛾　ぶどうすずめ
太帯細翅天蛾　ふとおびほそばすずめ
紅天蛾　べにすずめ
細翅天蛾　ほそばすずめ
面形天蛾　めんがたすずめ

部首3画《女部》

〔31〕奴

[18]奴簪沙蚕　やっこかんざしごかい
環形動物門多毛綱カンザシゴカイ科の海産動物。〔分布〕陸奥湾以南。

女部(姥) 子部(子,孑,字,孟) 宀部(実)

[32] 姥

[6] 姥吉丁叩頭虫　うばたまこめつき
昆虫綱甲虫目コメツキムシ科の甲虫。体長22〜30mm。〔分布〕北海道、本州、四国、九州、対馬、南西諸島、伊豆諸島。

姥吉丁虫　うばたまむし
昆虫綱甲虫目タマムシ科の甲虫。体長24〜40mm。〔分布〕本州、四国、九州、佐渡、対馬、屋久島、沖縄諸島。

部首3画《子部》

[33] 子

[9] 子負虫　こおいむし
昆虫綱半翅目コオイムシ科の水生昆虫。準絶滅危惧種(NT)。体長17〜20mm。〔分布〕本州、四国、九州。〔季語〕夏。

[34] 孑

[3] 孑孑　ぼうふら
〔季語〕夏。カの幼虫。

[35] 字

[10] 字書虫　じかきむし
鱗翅目や双翅目の昆虫の幼虫のなかには、葉肉をトンネル状に食入する潜葉性の習性をもつ種があり、その中で葉に残る食痕が文字を書いたような形になる種はとくに字書虫と呼ばれる。

[36] 孟

[8] 孟宗痩小蜂　もうそうたまこばち
昆虫綱膜翅目カタビロコバチ科。タケ、ササに害を及ぼす。〔分布〕本州、四国、九州。

部首3画《宀部》

[37] 実

[13] 実蛾　りんが
昆虫綱鱗翅目ヤガ科リンガ亜科の蛾。

網目実蛾　あみめりんが
鎌斑実蛾　かまふりんが
銀星実蛾　ぎんぼしりんが
栗実蛾　くりみが
　昆虫綱鱗翅目ハマキガ科ノコメハマキガ亜科の蛾。別名クリオオシンクイ。開張18〜23mm。栗に害を及ぼす。〔分布〕本州、四国、九州、対馬。
黒帯実蛾　くろおびりんが
羽紋実蛾　はねもんりんが
紅紋青実蛾　べにもんあおりんが
綿実蛾　わたりんが

[15] 実蠅　みばえ
昆虫綱双翅目短角亜目ハエ群ミバエ科Tephritidaeの総称。

瓜実蠅　うりみばえ
桜桃翅斑果実蠅　おうとうはまだらみばえ

南瓜果実蠅　かぼちゃみばえ
地中海実蠅　ちちゅうかいみばえ
蜜柑小実蠅　みかんこみばえ
三条果実蠅　みすじみばえ
果実蠅　みばえ

〔38〕家

⁴家天蛾　うちすずめ
昆虫綱鱗翅目スズメガ科ウンモンスズメ亜科の蛾。開張70〜100mm。梅、アンズ、桜桃、林檎、桜類に害を及ぼす。〔分布〕北海道、本州、四国、九州、朝鮮半島、シベリア南東部。

¹⁰家蚕　かいこ
昆虫綱鱗翅目カイコガ科カイコ属の蛾。別名カイコガ。翅はふつう白色。繭から絹糸をとるため古くから中国や日本などで飼育されてきた。開張4〜6mm。〔季語〕春。

¹¹家雀蛾　うちすずめ
昆虫綱鱗翅目スズメガ科ウンモンスズメ亜科の蛾。開張70〜100mm。梅、アンズ、桜桃、林檎、桜類に害を及ぼす。〔分布〕北海道、本州、四国、九州、朝鮮半島、シベリア南東部。

〔39〕寄

⁵寄生蜂　やどりばち
膜翅目の昆虫のうち、ほかの昆虫やクモなどに寄生するハチ類の総称。

寄生壁蝨　やどりだに
節足動物門クモ形綱ダニ目ヤドリダニ科Parasitidaeのダニの総称。

⁸寄居短截虫　やどかりちょっきり
昆虫綱甲虫目オトシブミ科の甲虫。体長3.4〜3.6mm。〔分布〕北海道。

〔40〕宿

¹⁹宿蟹虫　やどりかにむし
節足動物門クモ形綱擬蠍目ヤドリカニムシ科Chernetidaeの陸生小動物の総称。

〔41〕寡

¹¹寡婦蜘蛛　ごけぐも
節足動物門クモ形綱真正クモ目ヒメグモ科ゴケグモ属のクモの総称。

部首3画《小部》

〔42〕小

⁴小天蛾　こすずめ
昆虫綱鱗翅目スズメガ科コスズメ亜科の蛾。開張55〜70mm。葡萄に害を及ぼす。〔分布〕ほとんど日本全土、台湾、中国、朝鮮半島、シベリア南東部。

⁶小灰牙虫　しじみがむし
昆虫綱甲虫目ガムシ科の甲虫。体長2.5〜3.0mm。〔分布〕北海道、

小部（小）

本州、四国、九州。

小灰蝶　しじみちょう
昆虫綱鱗翅目シジミチョウ科Lycaenidaeの総称、またはヒメシジミPlebejus argusの旧和名。〔季語〕春。

赤小灰蝶　あかしじみ
浅間小灰蝶　あさましじみ
淡色尾長小灰蝶　うすいろおながしじみ
裏銀小灰蝶　うらぎんしじみ
裏黒小灰蝶　うらくろしじみ
裏胡麻斑小灰蝶　うらごまだらしじみ
裏波小灰蝶　うらなみしじみ
裏三条小灰蝶　うらみすじしじみ
尾白小灰蝶　おじろしじみ
尾長小灰蝶　おながしじみ
樺色小灰蝶　かばいろしじみ
烏小灰蝶　からすしじみ
黒小灰蝶　くろしじみ
碁石小灰蝶　ごいししじみ
碁石燕小灰蝶　ごいしつばめしじみ
胡麻小灰蝶　ごましじみ
薩摩小灰蝶　さつましじみ
定山小灰蝶　じょうざんしじみ
燕小灰蝶　つばめしじみ
虎斑小灰蝶　とらふしじみ
姫小灰蝶　ひめしじみ
紅小灰蝶　べにしじみ
水色尾長小灰蝶　みずいろおながしじみ
緑小灰蝶　みどりしじみ
深山烏小灰蝶　みやまからすしじみ
深山小灰蝶　みやましじみ
無紋赤小灰蝶　むもんあかしじみ
紫小灰蝶　むらさきしじみ
大和小灰蝶　やまとしじみ
槍岳小灰蝶　やりがたけしじみ
瑠璃小灰蝶　るりしじみ

[7] 小豆象虫　あずきぞうむし
昆虫綱甲虫目マメゾウムシ科の甲虫。別名ナミマメゾウ。体長2～3mm。貯穀・貯蔵植物性食品、隠元豆、小豆、ササゲに害を及ぼす。〔分布〕日本全国、朝鮮半島、中国、台湾、東洋区。

小豆象鼻虫　あずきぞうむし
昆虫綱甲虫目マメゾウムシ科の甲虫。別名ナミマメゾウ。体長2～3mm。貯穀・貯蔵植物性食品、隠元豆、小豆、ササゲに害を及ぼす。〔分布〕日本全国、朝鮮半島、中国、台湾、東洋区。

[8] 小青花潜　こあおはなむぐり
昆虫綱甲虫目コガネムシ科の甲虫。体長11～16mm。林檎、柑橘、ダリア、バラ類に害を及ぼす。〔分布〕北海道、本州、四国、九州、対馬、南西諸島。

[9] 小茶立　こちゃたて
昆虫綱嚙虫目コチャタテ科。体長2mm。貯穀・貯蔵植物性食品に害を及ぼす。〔分布〕日本全国、汎世界的。

小茶柱　こちゃたて
昆虫綱噛虫目コチャタテ科。体長2mm。貯穀・貯蔵植物性食品に害を及ぼす。〔分布〕日本全国、汎世界的。

[11] 小黒埋葬虫　こくろしでむし
昆虫綱甲虫目シデムシ科の甲虫。体長12〜15mm。〔分布〕北海道、本州、四国、九州。

[12] 小蛟蜻蛉　こうすばかげろう
昆虫綱脈翅目ウスバカゲロウ科。開張75mm。〔分布〕日本全土。

[16] 小頭虻　こがしらあぶ
昆虫綱双翅目短角亜目アブ群コガシラアブ科Acroceridaeの総称。

[18] 小繭蜂　こまゆばち
昆虫綱膜翅目有錐類コマユバチ科Braconidaeに属するハチの総称。
- 青虫侍小繭蜂　あおむしさむらいこまゆばち
- 飴色棍棒小繭蜂　あめいろこんぼうこまゆばち
- 肩広小繭蜂寄生蜂　かたびろこまゆばちやどり
- 黄斑鬚長小繭蜂　きまだらひげながこまゆばち
- 麦蛾小繭蜂　ばくがこまゆばち
- 翅黒赤小繭蜂　はぐろあかこまゆばち
- 松村鼈甲小繭蜂　まつむらべっこうこまゆばち
- 棟方小繭蜂　むなかたこまゆばち
- 綿野螟蛾小裏小繭蜂　わたのめいがこうらこまゆばち

部首3画《尢部》

〔43〕尨

[4] 尨毛木葉蛾　むくげこのは
昆虫綱鱗翅目ヤガ科シタバガ亜科の蛾。開張85〜90mm。ナシ類、桃、スモモ、葡萄、柑橘に害を及ぼす。〔分布〕インド北部、中国、台湾、沿海州、朝鮮半島、北海道から九州、対馬、屋久島、伊豆諸島、西南部の島嶼。

尨毛茸虫　むくげきのこむし
昆虫綱甲虫目ムクゲキノコムシ科Ptiliidaeに含まれる昆虫の総称。

部首3画《尸部》

〔44〕尺

[13] 尺蛾　しゃくが
昆虫綱鱗翅目シャクガ科Geometridaeのガの総称。
- 青尺蛾　あおさなえ
  昆虫綱蜻蛉目サナエトンボ科の蜻蛉。体長55mm。〔分布〕本州、四国、九州。
- 青尺蛾　あおしゃく
  昆虫綱鱗翅目シャクガ科アオシャク亜科のガの総称。
- 後縁青尺蛾　あとへりあおしゃく

尸部（尾）山部（山）

淡黄黒点姫尺蛾　うすきくろてんひめしゃく
裏黒条白姫尺蛾　うらくろすじしろひめしゃく
枝尺蛾　えだしゃく
　昆虫綱鱗翅目シャクガ科の一部のガの総称。
大綾尺蛾　おおあやしゃく
鉤翅青尺蛾　かぎばあおしゃく
樺尺蛾　かばしゃく
黄斑白波尺蛾　きまだらしろなみしゃく
樟青尺蛾　くすあおしゃく
小紅条姫尺蛾　こべにすじひめしゃく
小四目青尺蛾　こよつめあおしゃく
白斑青尺蛾　しろふあおしゃく
透枝尺蛾　すかしえだしゃく
条紋燕青尺蛾　すじもんつばめあおしゃく
李枝尺蛾　すももえだしゃく
尖枝尺蛾　とがりえだしゃく
鳶条姫波尺蛾　とびすじひめなみしゃく
虎斑燕枝尺蛾　とらふつばめえだしゃく
中黒矮波尺蛾　なかぐろちびなみしゃく
波尺蛾　なみしゃく
　昆虫綱鱗翅目シャクガ科の一亜科の総称。
波条矮姫尺蛾　なみすじちびひめしゃく
天鷲絨波尺蛾　びろうどなみしゃく
広翅尖枝尺蛾　ひろばとがりえだしゃく
縁紅姫尺蛾　ふちべにひめしゃく
冬尺蛾　ふゆしゃく
　昆虫綱鱗翅目シャクガ科に属するガのうち、晩秋から早春の寒冷期に成虫が羽化して、交尾、産卵する一群の総称。
縁条波尺蛾　へりすじなみしゃく
星尺蛾　ほししゃく
　昆虫綱鱗翅目シャクガ科ホシシャク亜科の蛾。開張34～39mm。モクセイ、ヒイラギ、ネズミモチ、ライラック、イボタに害を及ぼす。〔分布〕北海道、本州、四国、九州、朝鮮半島、中国、シベリア南東部。
蓬枝尺蛾　よもぎえだしゃく

尺蛾　しゃくとりが
　〔季語〕夏。蛾の種類の一つ。

〔45〕尾

尾太大蚊
しりぶとががんぼ
　昆虫綱双翅目ガガンボ科。体長11～14mm。〔分布〕日本全土。

部首3画《山部》

〔46〕山

山原手長金亀子
やんばるてながこがね
　昆虫綱甲虫目コガネムシ科の甲虫。天然記念物、絶滅危惧I類（CR+EN）。体長50～62mm。〔分布〕沖縄本島の北部。

工部（巨）巾部（常）干部（平）广部（店）

山蚕　やまがいこ
〔季語〕夏、春。櫟・楢・柏・樫・栗などの葉を食べ、黄緑色に白粉のまじった、細長いまゆを作る大型の蛾。

山蚕　やままゆ
昆虫綱鱗翅目ヤママユガ科の蛾。別名テンサン（天蚕）。開張115～150mm。栗、桜類に害を及ぼす。〔分布〕日本各地。〔季語〕夏。前後翅に一つずつある円い斑紋が特徴。
山蚕蛾　やままゆが
〔季語〕夏。

¹⁸山繭　やままゆ
昆虫綱鱗翅目ヤママユガ科の蛾。別名テンサン（天蚕）。開張115～150mm。栗、桜類に害を及ぼす。〔分布〕日本各地。〔季語〕夏。前後翅に一つずつある円い斑紋が特徴。
姫山繭蛾　ひめやままゆ

部首3画《工部》

〔47〕巨

¹¹巨眼蜘蛛　めだまぐも
節足動物門クモ形綱真正クモ目メダマグモ科の総称であるが、おもにそのなかのメダマグモ属Deinopisをさす。

¹³巨蜈蚣　おおむかで
節足動物門唇脚綱オオムカデ目Scolopendromorphaの陸生動物の総称。

部首3画《巾部》

〔48〕常

³常山虫　くさぎのむし
〔季語〕夏。コウモリガの幼虫。

部首3画《干部》

〔49〕平

⁶平虫　ひらたむし
昆虫綱甲虫目ヒラタムシ科Cucujidaeに属する昆虫の総称。
飯島平虫　いいじまひらむし
薄平虫　うすひらむし
角平虫　つのひらむし
蓑平虫　みのひらむし

部首3画《广部》

〔50〕店

¹⁴店蜘蛛　たなぐも
節足動物門クモ形綱真正クモ目タナグモ科の総称。
家店蜘蛛　いえたなぐも

彳部（後，微）心部（心，悴）戸部（扁）

部首3画 《彳部》

[51] 後

¹⁰後紋円芥子天牛　あともんまるけしかみきり

昆虫綱甲虫目カミキリムシ科フトカミキリ亜科の甲虫。体長4.5〜6.0mm。〔分布〕本州、四国、九州、対馬、南西諸島。

[52] 微

¹⁴微塵虫　みじんむし

昆虫綱甲虫目ミジンムシ科Corylophidaeに属する昆虫の総称。

微塵蝸牛　みじんまいまい

軟体動物門腹足綱ミジンマイマイ科の巻き貝。〔分布〕日本各地。

部首4画 《心部》

[53] 心

⁹心食虫　しんくいむし

食害の原因となる害虫のうち、とくに心部、果実に食入する害虫の総称。鱗翅目のメイガ科、シンクイガ科のものが含まれる。

¹²心喰蛾　しんくいが

昆虫綱鱗翅目シンクイガ科Carposinidaeのガの総称。

白紋黒心喰蛾　しろもんくろしんくい
桃姫心喰蛾　ももひめしんくいが
四条姫心喰蛾　よつすじひめしんくい

[54] 悴

¹¹悴蚯蚓　かせみみず

軟体動物門無板綱サンゴノヒモ科のミミズ様の動物。〔分布〕和歌山県、熊本県の天草、伊豆七島。

部首4画 《戸部》

[55] 扁

⁶扁耳蟬　ひらたみみずく

昆虫綱半翅目ミミズク科。〔分布〕九州、屋久島。

扁虫　ひらたむし

昆虫綱甲虫目ヒラタムシ科Cucujidaeに属する昆虫の総称。
赤矮扁虫　あかちびひらたむし
黄星矮扁虫　きぼしちびひらたむし
黒胸樹皮扁虫　くろむねきかわひらたむし
出歯扁虫　でばひらたむし
長扁虫　ながひらたむし
鋸扁虫　のこぎりひらたむし
鬚長姫扁虫　ひげながひめひらたむし
紅扁虫　べにひらたむし
三紋背円扁虫　みつもんせま

るひらたむし
　瑠璃扁虫　るりひらたむし

¹⁰扁馬陸　ひらたやすで
節足動物門倍脚綱ヒラタヤスデ科Platydesmidaeの陸生動物の総称。

¹²扁蛭　ひらびる
〔季語〕夏。環形動物のヒル類。

¹³扁蜉蝣　ひらたかげろう
昆虫綱カゲロウ目ヒラタカゲロウ科Heptageniidaeの昆虫の総称。
　黄色扁蜉蝣　きいろひらたかげろう
　黄肌扁蜉蝣　きはだひらたかげろう
　姫扁蜉蝣　ひめひらたかげろう
　弓紋扁蜉蝣　ゆみもんひらたかげろう

部首4画《手部》

〔56〕招

⁶招虫　おぎむし
〔季語〕夏。シャクトリムシの別称。

¹⁴招蜘蛛　まねきぐも
節足動物門クモ形綱真正クモ目ウズグモ科の蜘蛛。体長雌12〜15mm、雄4〜5mm。〔分布〕本州、四国、九州、南西諸島。

〔57〕挙

⁷挙尾小蜂　しりあげこばち
昆虫綱膜翅目シリアゲコバチ科。体長11mm。〔分布〕日本全土。

挙尾虫　しりあげむし
昆虫綱シリアゲムシ目シリアゲムシ科Panorpidaeの総称。
　黄脚挙尾虫　きあししりあげ
　黄翅挙尾虫　きばねしりあげ
　透擬挙尾虫　すかししりあげもどき
　褄黒挙尾虫　つまぐろしりあげ
　鼈甲挙尾虫　べっこうしりあげ
　星挙尾虫　ほししりあげ
　細斑挙尾虫　ほそまだらしりあげ
　三条挙尾虫　みすじしりあげ
　大和挙尾虫　やまとしりあげ

〔58〕挵

¹⁵挵蝶　せせりちょう
昆虫綱鱗翅目セセリチョウ科Hesperiidaeの総称。〔季語〕春。
　青羽挵蝶　あおばせせり
　赤挵蝶　あかせせり
　　昆虫綱鱗翅目セセリチョウ科の蝶。絶滅危惧II類（VU）。前翅長16〜19mm。〔分布〕関東地方、中部地方。
　朝比奈黄斑挵蝶　あさひなきまだらせせり
　一文字挵蝶　いちもんじせせり

手部（揺）

大茶翅挵蝶　おおちゃばねせせり
黄翅挵蝶　きばねせせり
黄斑挵蝶　きまだらせせり
銀一文字挵蝶　ぎんいちもんじせせり
　昆虫綱鱗翅目セセリチョウ科の蝶。準絶滅危惧種（NT）。前翅長17mm。〔分布〕北海道、本州、四国、九州。
黒挵蝶　くろせせり
小黄斑挵蝶　こきまだらせせり
小茶翅挵蝶　こちゃばねせせり
条黒茶翅挵蝶　すじぐろちゃばねせせり
　昆虫綱鱗翅目セセリチョウ科の蝶。準絶滅危惧種（NT）。前翅長15mm。〔分布〕北海道（渡島半島）、本州、九州。
擬挵蝶蛾　せせりもどきが
　昆虫綱鱗翅目セセリモドキガ科Hyblaeidaeの総称。
大名挵蝶　だいみょうせせり
高嶺黄斑挵蝶　たかねきまだらせせり
　昆虫綱鱗翅目セセリチョウ科の蝶。準絶滅危惧種（NT）。翅は暗褐色で、格子状の模様。開張2〜3mm。〔分布〕ヨーロッパ北東部から中部、北アメリカ。
茶翅挵蝶　ちゃばねせせり
茶斑挵蝶　ちゃまだらせせり
　昆虫綱鱗翅目セセリチョウ科の蝶。別名ミヤマチャマダラセセリ。絶滅危惧I類（CR+EN）。前翅長15mm。〔分布〕北海道（東南部）、本州、四国。
姫黄斑挵蝶　ひめきまだらせせり
姫茶斑挵蝶　ひめちゃまだらせせり
昆虫綱鱗翅目セセリチョウ科の蝶。絶滅危惧II類（VU）。後翅の白色の斑紋がある。天然記念物。開張2.0〜2.5mm。〔分布〕ヨーロッパ、温帯アジア。
縁黒茶翅挵蝶　へりぐろちゃばねせせり
星茶翅挵蝶　ほしちゃばねせせり
　昆虫綱鱗翅目セセリチョウ科の蝶。絶滅危惧II類（VU）。前翅長14mm。〔分布〕本州、対馬。
細羽挵蝶　ほそばせせり
深山挵蝶　みやませせり
深山茶翅挵蝶　みやまちゃばねせせり

〔59〕揺

揺蚊　ゆすりか
　野や畑などの径で、顔前をとびかい、うるさく夏の夕暮などつきまとう小虫。昆虫綱双翅目糸角亜目カ群ユスリカ科Chironomidaeの総称。〔季語〕夏。
赤虫揺蚊　あかむしゆすりか
薄衣姫揺蚊　うすぎぬひめゆすりか
角巣流揺蚊　かくすながれゆすりか
絣紋揺蚊　かすりもんゆすりか
背条扁脚揺蚊　せすじひらあしゆすりか
背条揺蚊　せすじゆすりか
瀬戸泳揺蚊　せとおよぎゆすりか
段多羅姫揺蚊　だんだらひめゆすりか
蓮潜揺蚊　はすむぐりゆす

りか
大和磯揺蚊　やまといそゆすりか

[60] 擬

擬叩頭虫
こめつきもどき
昆虫綱甲虫目コメツキモドキ科に属する昆虫の総称。

赤姫擬叩頭虫　あかひめこめつきもどき

榎擬叩頭虫　えのきこめつきだまし

黄胸姫擬叩頭虫　きむねひめこめつきもどき

芥子擬叩頭虫　けしこめつきもどき

擬歩行虫
おさむしもどき
昆虫綱甲虫目オサムシ科の甲虫。体長22mm。〔分布〕北海道、本州、四国、九州。

擬浄海
じょうかいもどき
昆虫綱甲虫目ジョウカイモドキ科Melyridaeに属する昆虫の総称。

瑠璃姫擬浄海　るりひめじょうかいもどき

昆虫綱甲虫目ジョウカイモドキ科の甲虫。体長2.6〜3.0mm。〔分布〕本州、九州。

擬挵蝶蛾
せせりもどきが
昆虫綱鱗翅目セセリモドキガ科Hyblaeidaeの総称。

擬鳥糞蜘蛛
とりのふんだまし
節足動物門クモ形綱真正クモ目コガネグモ科トリノフンダマシ属の蜘蛛。体長雌8〜10mm、雄1.5〜2.5mm。〔分布〕本州、四国、九州、南西諸島。

擬黒雲雀
きあしくさひばり
昆虫綱直翅目コオロギ科。別名メダカスズ。体長5〜7mm。〔分布〕本州（青森県以南）、四国、九州、五島列島、対馬、南西諸島。

擬蜂透翅
はちまがいすかしば
昆虫綱鱗翅目スカシバガ科の蛾。開張35〜40mm。〔分布〕鹿児島県佐多岬、北海道、本州。

擬蛺蝶　たてはもどき
昆虫綱鱗翅目タテハチョウ科ヒオドシチョウ亜科の蝶。別名ムモンタテハモドキ。前翅長30〜33mm。〔分布〕九州南部から八重山諸島。

青擬蛺蝶　あおたてはもどき

部首4画《支部》

[61] 放

放屁虫　へひりむし
〔季語〕秋。体長2cm足らずの甲虫の一種で、本名はミイデラゴミムシという。敵に襲われると、肛門から悪臭あるガスを出す。

部首4画《文部》

[62] 斑

¹¹斑猫　はんみょう
〔季語〕夏。2cmぐらいの甲虫。黒地に、赤・黄・紫などの斑紋をちりばめて美しい。

土斑猫　つちはんみょう
三井寺斑猫　みいでらはんみょう
〔季語〕秋。

¹⁵斑蝥　はんみょう
昆虫綱甲虫目ハンミョウ科の甲虫。体長20mm。〔分布〕本州、四国、九州、屋久島、沖縄本島。〔季語〕夏。黒地に、赤・黄・紫などの斑紋をちりばめて美しい。

河原斑蝥　かわらはんみょう
小斑蝥　こはんみょう
庭斑蝥　にわはんみょう
細斑蝥　ほそはんみょう
勾玉斑蝥　まがたまはんみょう
豆斑蝥　まめはんみょう

部首4画《斤部》

[63] 新

⁸新国姫蜂　にいくにひめばち
昆虫綱膜翅目ヒメバチ科。〔分布〕本州。

部首4画《日部》

[64] 日

⁵日本鐫花娘子蜂　にほんちゅうれんじ
昆虫綱膜翅目ミフシハバチ科。体長8mm。〔分布〕本州、四国、九州。

¹⁴日暮　ひぐらし
〔季語〕秋。中型のセミで、からだはやや長めで幅狭く、翅は透明、腹部は濃褐色に金色の鱗毛を装い、ところどころ緑青色の模様があり、美しい。またその声が美しく秋らしい。

[65] 星

⁹星星塵芥虫　ほしぼしごみむし
昆虫綱甲虫目オサムシ科の甲虫。体長11〜12mm。〔分布〕日本各地。

¹²星蛟蜻蛉　ほしうすばかげろう
昆虫綱脈翅目ウスバカゲロウ科。開張72mm。〔分布〕日本全土。

[66] 普

¹⁰普通蝸牛　なみまいまい
軟体動物門腹足綱マイマイ科の巻き貝。〔分布〕近畿地方。

部首4画《木部》

[67] 木

⁵木皮蛾　きのかわが
昆虫綱鱗翅目ヤガ科キノカワガ亜科の蛾。開張38〜43mm。柿に害を及ぼす。〔分布〕中国、台湾、本州、四国、九州、対馬、屋久島、奄美大島、沖縄本島。

⁸木虱　きじらみ
昆虫綱半翅目同翅亜目キジラミ科Psyllidaeに属する昆虫の総称。

胡頽子木虱　ぐみきじらみ
黒尖木虱　くろとがりきじらみ
黒林檎木虱　くろりんごきじらみ
桑木虱　くわきじらみ
小黒木虱　こくろきじらみ
梨木虱　なしきじらみ
根黒木虱　ねぐろきじらみ
赤楊木虱　はんのきじらみ
角太尖木虱　ひげぶととがりきじらみ
菱木虱　ひしきじらみ
扁頭木虱　ひらずきじらみ
紅木虱　べにきじらみ
大和木虱　やまときじらみ

¹⁷木螺　ぼくら
〔季語〕秋。ミノムシの別称。

²²木蠹蛾　ぼくとうが
昆虫綱鱗翅目ボクトウガ科の蛾。開張雄34〜74mm、雌55〜80mm。林檎、栗、楓（紅葉）、桜類に害を及ぼす。〔分布〕関東、近畿、北海道、九州。

胡麻斑木蠹蛾　ごまふぼくとう

[68] 朽

⁴朽木虫　くちきむし
昆虫綱甲虫目ゴミムシダマシ科の甲虫。体長10〜11mm。〔分布〕北海道、本州、四国、九州。

青帯長朽木虫　あおおびながくちきむし
青翅長朽木虫　あおばながくちきむし
赤翅艶朽木虫　あかばねつやくちきむし
綾紋姫長朽木虫　あやもんひめながくちきむし
大朽木虫　おおくちきむし
黄色朽木虫　きいろくちきむし
黄条長朽木虫　きすじながくちきむし
首隠長朽木虫　くびかくしながくちきむし
黒星朽木虫　くろほしくちきむし
背赤長朽木虫　せあかながくちきむし
棘胸筒長朽木虫　とげむねつつながくちきむし
長朽木虫　ながくちきむし
姫米搗形長朽木虫　ひめこめつきがたながくちきむし
六紋長朽木虫　むつもんながくちきむし
紋黄長朽木虫　もんきながくちきむし

木部（果,枝,松,柿,柏,桑）

[69] 果

[8] 果実蝿　みばえ
昆虫綱双翅目短角亜目ハエ群ミバエ科Tephritidaeの総称。

桜桃翅斑果実蝿　おうとうはまだらみばえ
南瓜果実蝿　かぼちゃみばえ
三条果実蝿　みすじみばえ

[70] 枝

[7] 枝角長花蚤　えだひげながはなのみ
昆虫綱甲虫目ナガハナノミ科の甲虫。体長9〜12mm。〔分布〕本州、四国、九州。

[71] 松

[4] 松六歯木喰虫　まつのむつばきくいむし
昆虫綱甲虫目キクイムシ科の甲虫。体長2.8〜3.8mm。〔分布〕北海道、本州、四国。

[72] 柿

[12] 柿蔕虫蛾　かきのへたむしが
昆虫綱鱗翅目ニセマイコガ科の蛾。別名カキノマイコガ。開張15〜19mm。柿に害を及ぼす。〔分布〕本州、四国、九州、屋久島、台湾、中国中部、スリランカ。

[73] 柏

[15] 柏舞々蛾　かしわまいまい
昆虫綱鱗翅目ドクガ科の蛾。開張雄44〜52mm、雌80〜93mm。林檎、栗に害を及ぼす。〔分布〕日本から朝鮮半島、シベリア南東部、中国大陸から台湾、インドから東南アジア一帯。

[74] 桑

[3] 桑子　くわこ
〔季語〕春。蚕の別称。

桑子　くわご
昆虫綱鱗翅目カイコガ科の蛾。開張32〜45mm。桑に害を及ぼす。〔分布〕北海道から屋久島、吐噶喇列島、朝鮮半島、中国。

[7] 桑芯留癭蝿　くわしんとめたまばえ
昆虫綱双翅目タマバエ科。体長1.9mm。桑に害を及ぼす。〔分布〕本州、四国、九州、朝鮮半島。

[10] 桑粉介殻虫　くわこなかいがらむし
昆虫綱半翅目コナカイガラムシ科。体長3.0〜4.5mm。梅、アンズ、ナシ類、桃、スモモ、林檎、葡萄、柑橘、茶、ユリ類、ヤツデ、カナメモチ、桜類、柿、無花果、桑、大豆に害を及ぼす。〔分布〕本州、四国、九州、朝鮮半島、インド、アメリカ南部、西インド諸島。

桑蚕 くわご
昆虫綱鱗翅目カイコガ科の蛾。開張32〜45mm。桑に害を及ぼす。〔分布〕北海道から屋久島、吐噶喇列島、朝鮮半島、中国。

大擬桑蚕蛾 おおくわごもどき

[75] 梅

[13] 梅矮吉丁虫 うめちびたまむし
昆虫綱甲虫目タマムシ科の甲虫。体長2.5mm。桃、スモモ、梅、アンズに害を及ぼす。〔分布〕本州、四国、九州。

[76] 棘

棘々 とげとげ
別名トゲハムシ。昆虫綱甲虫目ハムシ科のトゲハムシ亜科Hispinaeに属する昆虫の総称。

[77] 椿

[12] 椿象 かめむし
昆虫綱半翅目異翅亜目Heteropteraに含まれる昆虫で、狭義ではカメムシ科Pentatomidae（あるいはカメムシ上科Pentatomoidea）に属するものの総称であり、広義では異翅亜目のなかで陸生のものをさす。

稲椿象 いねかめむし
金椿象 きんかめむし
臭木椿象 くさぎかめむし
口太椿象 くちぶとかめむし
昆虫綱半翅目カメムシ科クチブトカメムシ亜科Asopinaeに属する昆虫の総称、またはそのなかの一種。

櫟椿象 くぬぎかめむし
頸長椿象 くびながかめむし
黒椿象 くろかめむし
刺椿象 さしがめ
土椿象 つちかめむし
昆虫綱半翅目異翅亜目ツチカメムシ科に属する昆虫の総称、またはそのなかの一種。

角椿象 つのかめむし
長椿象 ながかめむし
菜椿象 ながめ
昆虫綱半翅目カメムシ科。体長7〜9mm。アブラナ科野菜に害を及ぼす。〔分布〕北海道、本州、四国、九州。

梨椿象 なしかめむし
花椿象 はなかめむし
扁椿象 ひらたかめむし
昆虫綱半翅目異翅亜目ヒラタカメムシ科Aradidaeの昆虫の総称、およびそのなかの一種。

縁椿象 へりかめむし
昆虫綱半翅目異翅亜目ヘリカメムシ科Coreidaeの昆虫の総称、またはそのなかの一種。

細縁椿象 ほそへりかめむし
丸椿象 まるかめむし
昆虫綱半翅目異翅亜目マルカメムシ科Plataspidaeに属す昆虫の総称、またはそのなかの一種。

水椿象 みずかめむし
昆虫綱半翅目異翅亜目ミズカメムシ科Mesoveliidaeに属する昆虫の総称、またはそのなかの一種。

脂刺椿象 やにさしがめ

木部（榛,槍,横,樟,樵,櫛）

[78] 榛

榛剣紋　はんのけんもん
昆虫綱鱗翅目ヤガ科ケンモンヤガ亜科の蛾。開張38mm。〔分布〕北海道、本州、東北から中部地方。

[79] 槍

槍岳小灰蝶　やりがたけしじみ
昆虫綱鱗翅目シジミチョウ科の蝶。〔分布〕アルタイ、シベリア、中国東北部、朝鮮半島、日本、アムール。

[80] 横

横這　よこばい
ウンカによく似たイネの害虫。昆虫綱半翅目同翅亜目ヨコバイ科 Cicadellidae に属する昆虫の総称。〔季語〕秋。

- 小貫横這　おぬきよこばい
- 黄条冠横這　きすじかんむりよこばい
- 黒扁横這　くろひらたよこばい
- 桑黄横這　くわきよこばい
- 白頭大横這　しろずおおよこばい
- 端黒横這　つまぐろよこばい
- 褄黒横這　つまぐろよこばい
- 姫横這　ひめよこばい
- 二点大横這　ふたてんおおよこばい
- 斑脈横這　ぶちみゃくよこばい
- 艾白点横這　よもぎしろてんよこばい

[81] 樟

樟大穿孔虫　くすのおおきいむし
昆虫綱甲虫目キクイムシ科の甲虫。体長3.4～4.3mm。〔分布〕日本各地。

樟蚕　くすさん
昆虫綱鱗翅目ヤママユガ科の蛾。別名クリケムシ、シラガタロウ。開張100～130mm。柿、梅、アンズ、桜桃、林檎、栗、ハゼ、漆、イチョウ、楓(紅葉)、柘榴、百日紅、桜類に害を及ぼす。〔分布〕北海道、本州、四国、九州、対馬、屋久島、シベリア南東部。〔季語〕夏。

[82] 樵

樵木虫　きこりむし
〔季語〕秋。昆虫ミノガ類の幼虫。

[83] 櫛

櫛角虫　くしひげむし
昆虫綱甲虫目クシヒゲムシ科 Rhipiceridae とホソクシヒゲムシ科 Callirhipidae に属する昆虫の総称。

- 胸赤櫛角虫　むねあかくしひげむし

櫛角矮埋葬虫　くしひげちびしでむし
昆虫綱甲虫目チビシデムシ科の甲

虫。体長4.5〜5.5mm。〔分布〕本州。

[84] 樫

樫小長穿孔虫[3]　かしのこながきくいむし

昆虫綱甲虫目ナガキクイムシ科の甲虫。体長3.1〜3.8mm。〔分布〕本州、四国、九州。

部首4画《止部》

[85] 武

武士豆象鼻虫[3]　さむらいまめぞうむし

昆虫綱甲虫目マメゾウムシ科の甲虫。体長2.0〜3.0mm。〔分布〕北海道、本州、九州。

[86] 歩

歩行虫[6]　おさむし

ヤスデの別称。昆虫綱甲虫目オサムシ科の昆虫のうち、広義のオサムシ属Carabusに含まれる中・大形種の総称。〔季語〕夏。

青歩行虫　あおおさむし
大歩行虫　おおおさむし
大瑠璃歩行虫　おおるりおさむし
奥蝦夷細偽歩行虫　おくえぞほそごみむしだまし
擬歩行虫　おさむしもどき
肩広歩行虫　かたびろおさむし
黒肩広歩行虫　くろかたびろおさむし
黒長歩行虫　くろながおさむし
背高歩行虫　せだかおさむし
角太歩行虫　ひげぶとおさむし
姫黒歩行虫　ひめくろおさむし

部首4画《歹部》

[87] 死

死番虫[12]　しばんむし

昆虫綱甲虫目シバンムシ科Anobiidaeに属する昆虫の総称。

櫛鬚死番虫　くしひげしばんむし
毛深死番虫　けぶかしばんむし
鶏冠死番虫　とさかしばんむし
松材死番虫　まつざいしばんむし

部首4画《毛部》

[88] 毛

毛茶柱[9]　けちゃたて

昆虫綱チャタテムシ目ケチャタテ科Caecilidaeの昆虫の総称。

黄紋毛茶柱虫　きもんけちゃたて
　昆虫綱噛虫目ケチャタテ科。〔分布〕北海道、本州、九州。

水部（水）

¹⁰毛茛葉潜蠅　きつねのぼたんはもぐりばえ
昆虫綱双翅目ハモグリバエ科。体長2.0～2.5mm。マリゴールド類に害を及ぼす。〔分布〕日本全国、全北区。

¹⁴毛蜻蛉　けかげろう
昆虫綱脈翅目ケカゲロウ科。開張25mm。〔分布〕本州、四国、九州。

¹⁷毛氈蛾　じゅうたんが
昆虫綱鱗翅目ヒロズコガ科の蛾。開張13～22mm。〔分布〕全世界。

部首4画《水部》

〔89〕水

⁸水爬虫　たがめ
昆虫綱半翅目コオイムシ科。絶滅危惧II類（VU）。体長48～65mm。〔分布〕北海道、本州、四国、九州、沖縄本島。〔季語〕夏。

¹⁰水馬　あめんぼ，あめんぼう，みずすまし
〔季語〕夏。異翅目の昆虫。池や小川などの水面に六本の足で浮かび滑走する。

海水馬　うみあめんぼ
〔季語〕夏。

¹³水黽　あめんぼ
昆虫綱半翅目アメンボ科。体長11～16mm。〔分布〕北海道、本州、四国、九州、吐噶喇列島。

糸水黽　いとあめんぼ
昆虫綱半翅目イトアメンボ科の半水生昆虫。絶滅危惧II類（VU）。体長11～14mm。〔分布〕本州、四国、九州、吐噶喇列島。

海水黽　うみあめんぼ
昆虫綱半翅目アメンボ科のうち海に生息する種類の総称、またはそのなかの一種名。

芥子海水黽　けしうみあめんぼ
小形海水黽　こがたうみあめんぼ
小背赤水黽　こせあかあめんぼ

塩海水黽　しおあめんぼ
昆虫綱半翅目アメンボ科。絶滅危惧I類（CR+EN）。〔分布〕瀬戸内海、九州西海岸。

縞水黽　しまあめんぼ
姫糸水黽　ひめいとあめんぼ

水黽　かわぐも
〔季語〕夏。アメンボウの別称。

¹⁴水際蠅　みぎわばえ
昆虫綱双翅目ミギワバエ科に属する昆虫の総称。

稲茎水際蠅　いねくきみぎわばえ

¹⁵水澄　みずすまし
昆虫綱甲虫目ミズスマシ科の甲虫。体長6.0～7.5mm。〔分布〕北海道、本州、四国、九州。〔季語〕夏。

¹⁹水蠆　やご
トンボ類の幼虫の総称。

水部（汀、沙、泳、海、浄）

²¹水蠟虫　いぼた
〔季語〕夏。イボタノキに寄生する介殻虫。雄は体から白色のロウを出す。

水蠟蛾　いぼたが
昆虫綱鱗翅目イボタガ科の蛾。前翅の基部には大きな目玉模様。胴は黒褐色で、オレンジ色をおびた褐色の縞模様がある。開張9～16mm。イボタノキ類、木犀類に害を及ぼす。〔分布〕インド北部からネパール、ミャンマー、中国、台湾、日本。

水蠟樹虫　いぼたろうむし
昆虫綱半翅目カタカイガラムシ科。別名イボタロウカタカイガラムシ。イボタノキ類に害を及ぼす。〔分布〕本州以南。

水蠟樹剣紋　いぼたけんもん
昆虫綱鱗翅目ヤガ科ケンモンヤガ亜科の蛾。開張38mm。〔分布〕北海道から九州。

〔90〕汀

¹⁵汀蝿　みぎわばえ
昆虫綱双翅目短角亜目ハエ群ミギワバエ科Ephydridaeの総称。

〔91〕沙

¹⁰沙蚕　ごかい
昆虫綱鱗翅目カイコガ科カイコ属の蛾。

渦巻沙蚕　うずまきごかい
団扇沙蚕　うちわごかい
泳沙蚕　およぎごかい
重簪沙蚕　かさねかんざしごかい
簪沙蚕　かんざしごかい
冠沙蚕　かんむりごかい
玉敷沙蚕　たましきごかい
達磨沙蚕　だるまごかい
翼沙蚕　つばさごかい
　環形動物門多毛綱定在目ツバサゴカイ科の総称、またはそのなかの一種。
一重簪沙蚕　ひとえかんざしごかい
房沙蚕　ふさごかい
普通沙蚕　ふつうごかい
水引沙蚕　みずひきごかい
昔沙蚕　むかしごかい
奴簪沙蚕　やっこかんざしごかい

〔92〕泳

⁷泳沙蚕　およぎごかい
環形動物門多毛綱遊在目オヨギゴカイ科Tomopteridaeの海産動物の総称、およびそのなかの一種名。

〔93〕海

¹¹海虸　ふなむし
等脚目フナムシ科の甲殻類。体長30～45mm。〔分布〕本州以南の西太平洋の沿岸。

〔94〕浄

⁹浄海　じょうかいぼん
昆虫綱甲虫目ジョウカイボン科の

水部（浮）

甲虫。体長14〜17mm。〔分布〕北海道、本州、四国、九州。
青浄海　あおじょうかい
淡色頸細浄海　うすいろくびぼそじょうかい
黄縁浄海　きべりじょうかい
金色浄海　きんいろじょうかい
黒姫浄海　くろひめじょうかい
黒細浄海　くろほそじょうかい
浄海坊　じょうかいぼん
擬浄海　じょうかいもどき
　昆虫綱甲虫目ジョウカイモドキ科Melyridaeに属する昆虫の総称。
背星浄海　せぼしじょうかい
擬褄黄青浄海　つまきあおじょうかいもどき
姫浄海　ひめじょうかい
北海浄海　ほっかいじょうかい
胸赤黒浄海　むねあかくろじょうかい
瑠璃姫擬浄海　るりひめじょうかいもどき

浄海坊
じょうかいぼん
昆虫綱甲虫目ジョウカイボン科の甲虫。体長14〜17mm。〔分布〕北海道、本州、四国、九州。

〔95〕浮

浮塵子　うんか
大きさは3mmから5mmぐらいの微細な虫。昆虫綱半翅目ウンカ科Delphacidaeに属する昆虫の総称、またはウンカ科を含むビワハゴロモ上科Fulgoroideaの総称。〔季語〕秋。
淡紅翅広浮塵子　うすべにはねびろうんか
大菱浮塵子　おおひしうんか
帯皮浮塵子　おびかわうんか
肩広楔浮塵子　かたびろくさびうんか
黄条翅広浮塵子　きすじはねびろうんか
黄星円浮塵子　きぼしまるうんか
楔浮塵子　くさびうんか
黒瘤浮塵子　くろこぶうんか
桑山浮塵子　くわやまうんか
小頭浮塵子　こがしらうんか
　昆虫綱半翅目同翅亜目コガシラウンカ科Achilidaeの昆虫の総称。
瘤浮塵子　こぶうんか
縞浮塵子　しまうんか
条小頭浮塵子　すじこがしらうんか
背白浮塵子　せじろうんか
縦条浮塵子　たてすじうんか
寺内浮塵子　てらうちうんか
鳶色浮塵子　とびいろうんか
鳶色軍配浮塵子　とびいろぐんばいうんか
長良川浮塵子　ながらがわうんか
名和小頭浮塵子　なわこがしらうんか
播磨長浮塵子　はりまながうんか
菱浮塵子　ひしうんか
　昆虫綱半翅目ヒシウンカ科。体長6〜8mm。稲、イネ科牧草に害を及ぼす。〔分布〕本州、四国、九州。

姫飛浮塵子　ひめとびうんか
扁軍配浮塵子　ひらたぐんばいうんか
細緑浮塵子　ほそみどりうんか
前黒翅長浮塵子　まえぐろはねながうんか
円浮塵子　まるうんか
　昆虫綱半翅目マルウンカ科。体長5.5〜6.0mm。〔分布〕本州（関東以西）、四国、九州、対馬、屋久島、八丈島。
柳樹皮浮塵子　やなぎかわうんか
四条菱浮塵子　よつすじひしうんか

〔96〕淡

淡色笹螽蟖　うすいろささきり[6]
　昆虫綱直翅目キリギリス科。体長25〜30mm。〔分布〕北海道、本州、四国、九州、対馬。

〔97〕涼

涼蜘蛛　すずみぐも[14]
　節足動物門クモ形綱真正クモ目コガネグモ科の蜘蛛。体長雌14〜16mm、雄3〜5mm。〔分布〕本州（南部）、四国、九州、南西諸島。

〔98〕溢

溢蚊　あぶれか[10]
　〔季語〕秋。秋おそく出て来て、見るからに弱々しく、人を刺す力もない蚊。あるいはまた秋出る蚊。

〔99〕潜

潜蛾　もぐりが[13]
　ガの幼虫のなかには、植物の葉、果実、茎、枝、幹あるいは根に潜るものがあり、これらを総称してモグリガと呼ぶ。
　葉潜蛾　はもぐりが
　蜜柑葉潜蛾　みかんこはもぐりが
　桃葉潜蛾　ももはもぐりが

潜蝿　もぐりばえ[15]
　昆虫綱双翅目ハモグリバエ科の昆虫の総称。
　毛茛葉潜蝿　きつねのぼたんはもぐりばえ
　菜潜蝿　なもぐりばえ
　葉潜蝿　はもぐりばえ
　麦条葉潜蝿　むぎすじはもぐりばえ

〔100〕潮

潮蜘蛛　うしおぐも[14]
　節足動物門クモ形綱ウシオグモ科ウシオグモ属のクモの総称。

部首4画《火部》

〔101〕灯

灯取蛾蜉蝣　ひとりがかげろう[8]
　昆虫綱蜉蝣目ヒトリガカゲロウ科。準絶滅危惧種（NT）。〔分布〕本州の日本海沿岸地方の河川。

火部（灸, 烏, 焦, 熨） 牙部（牙）

¹³灯蛾　とうが, ひが
〔季語〕夏。灯火に集まってくる蛾のこと。

灯蛾　ひとりが
昆虫綱鱗翅目ヒトリガ科ヒトリガ亜科の蛾。前翅は褐色と白色、後翅は赤色。開張5.0～7.5mm。アブラナ科野菜、繊維作物、菊、桜類に害を及ぼす。〔分布〕ヨーロッパから、アジア温帯域、日本。〔季語〕夏。

赤腹胡麻斑灯蛾　あかはらごまだらひとり
帯灯蛾　おびひとり
角紋灯蛾　かくもんひとり
桑胡麻斑灯蛾　くわごまだらひとり
更紗灯蛾　さらさひとり
白灯蛾　しろひとり
条紋灯蛾　すじもんひとり
姫黄下灯蛾　ひめきしたひとり
二条灯蛾　ふたすじひとり
太条紋灯蛾　ふとすじもんひとり
前赤灯蛾　まえあかひとり

〔102〕灸

⁶灸虫　やいとむし
節足動物門クモ形綱ヤイトムシ目ヤイトムシ科Schizomidaeの陸生動物の総称。

〔103〕烏

¹³烏触　うしょく
〔季語〕秋。イモムシのこと。

〔104〕焦

¹⁰焦馬陸　やけやすで
節足動物門倍脚綱ヤケヤスデ科の陸生動物。体長19～21mm。〔分布〕日本各地。

〔105〕熨

⁴熨斗目蜻蛉　のしめとんぼ
昆虫綱蜻蛉目トンボ科の蜻蛉。体長45mm。〔分布〕北海道から九州、対馬。

部首4画《牙部》

〔106〕牙

⁶牙虫　がむし
昆虫綱甲虫目ガムシ科の甲虫。体長32～35mm。〔分布〕北海道、本州、四国、九州。

黄色扁牙虫　きいろひらたがむし
黄緑扁牙虫　きべりひらたがむし
胡麻斑牙虫　ごまふがむし
小灰牙虫　しじみがむし
背円牙虫　せまるがむし
背円芥子牙虫　せまるけしがむし
棘翅胡麻斑牙虫　とげばごまふがむし
姫牙虫　ひめがむし
豆牙虫　まめがむし
大和細牙虫　やまとほそがむし

犬部（猿,獐）玉部（瑠）瓜部（瓜,瓢）

¹²牙蛭　きばびる
環形動物門ヒル綱咽蛭目イシビル科の陸生動物。〔分布〕本州、四国、九州。

部首4画《犬部》

〔107〕猿

¹⁴猿蜘蛛　ましらぐも
蛛形綱クモ目マシラグモ科の蜘蛛。

〔108〕獐

⁹獐虻　のろあぶ
〔季語〕春。ノロという朝鮮産の小型の鹿などにたかる虻の総称。

部首5画《玉部》

〔109〕瑠

¹⁵瑠璃鐫花娘子　るりちゅうれんじ
昆虫綱膜翅目ミフシハバチ科。体長9mm。ツツジ類に害を及ぼす。〔分布〕日本全土。

部首5画《瓜部》

〔110〕瓜

⁶瓜守　うりばえ
〔季語〕夏。ウリハムシという小型の甲虫。

〔111〕瓢

⁶瓢虫　てんとうむし
昆虫綱甲虫目テントウムシ科の甲虫。別名ナミテントウ。体長5〜8mm。〔分布〕北海道、本州、四国、九州、対馬、南西諸島。〔季語〕夏。

赤星瓢虫　あかぼしてんとう
雲紋瓢虫　うんもんてんとう
大二十八星瓢虫　おおにじゅうやほしてんとう
亀子瓢虫　かめのこてんとう
小黒姫瓢虫　こくろひめてんとう
十三星瓢虫　じゅうさんほしてんとう
白十五星瓢虫　しろじゅうごほしてんとう
白十四星瓢虫　しろじゅうしほしてんとう
偽背高瓢虫　せだかてんとうだまし
昆虫綱甲虫目テントウダマシ科の甲虫。体長7〜9mm。〔分布〕本州（紀伊半島の山地）。
偽瓢虫　てんとうむしだまし
七星瓢虫　ななほしてんとう
姫亀子瓢虫　ひめかめのこてんとう
紅縁瓢虫　べにへりてんとう
六星瓢虫　むつぼしてんとう
四星擬瓢虫　よつぼしてんとうだまし
瑠璃偽瓢虫　るりてんとうだまし

[11] 瓢偽歩行虫　てんとうごみむしだまし

昆虫綱甲虫目ゴミムシダマシ科の甲虫。体長3.8〜4.5mm。〔分布〕本州、四国、九州。

[12] 瓢葉虫　てんとうはむし

昆虫綱甲虫目ハムシ科。〔分布〕本州、九州、琉球。

部首5画 《甘部》

[112] 甘

[18] 甘藷牙蛾　いもきばが

昆虫綱鱗翅目キバガ科の蛾。別名イモコガ。開張15〜19mm。サツマイモに害を及ぼす。〔分布〕北海道、本州、四国、九州、屋久島、琉球、台湾、中国、インド北部。

部首5画 《疒部》

[113] 瘦

[15] 瘦蠅　たまばえ

昆虫綱双翅目タマバエ科に属する昆虫の総称。

桑芯留瘦蠅　くわしんとめたまばえ

部首5画 《白部》

[114] 白

[11] 白細翅　しろほそば

昆虫綱鱗翅目ヒトリガ科コケガ亜科の蛾。開張23〜26mm。〔分布〕本州、四国、九州、朝鮮半島、中国。

[13] 白楊金花虫　どろのきはむし

昆虫綱甲虫目ハムシ科の甲虫。体長10〜12mm。ヤナギ、ポプラに害を及ぼす。〔分布〕北海道、本州、四国、九州。

[16] 白鮎長吉丁虫　しろてんながたまむし

昆虫綱甲虫目タマムシ科の甲虫。体長5.2〜8.5mm。〔分布〕本州、四国、九州。

[115] 百

[7] 百足　むかで

節足動物門唇脚類Chilopodaに属する陸生動物のうち、ゲジ目を除いたものの総称。

地百足　じむかで
百足虫　むかで

〔季語〕夏。節足動物に属する動物。ヤスデに似るが、環節から足は一対しかない。

[116] 皂

皂莢虫　さいかちむし[10]
〔季語〕夏。カブトムシの別称。

皂莢豆象鼻虫　さいかちまめぞうむし
昆虫綱甲虫目マメゾウムシ科の甲虫。体長4.5〜6.5mm。〔分布〕本州、九州。

部首5画《目部》

[117] 目

目纏　めまとい[21]
昆虫類のハエのうち、山野で人の顔の周りをうるさく付きまとう小形種の総称。

[118] 盲

盲亀虫　めくらかめむし[11]
半翅目メクラカメムシ科Miridaeの昆虫の総称。
- 赤鬚細緑盲亀虫　あかひげほそみどりめくらがめ
- 大黒鳶盲亀虫　おおくろとびかすみかめ
- 黒円盲亀虫　くろまるめくらがめ
- 軍配盲亀虫　ぐんばいめくらがめ
- 中黒盲亀虫　なかぐろかすみかめ
- 瓢箪盲亀虫　ひょうたんめくらがめ
- 紋黄黒盲亀虫　もんきくろめくらがめ

[119] 真

真壁蝨　まだに[16]
節足動物門クモ形綱ダニ目マダニ亜目に含まれる大形吸血性ダニの総称。
- 尾牛真壁蝨　おうしまだに
- 黄血真壁蝨　きちまだに
- 栗色小板真壁蝨　くりいろこいたまだに
- 高砂綺羅々真壁蝨　たかさごきららまだに
- 種子形真壁蝨　たねがたまだに
- 釣鐘血真壁蝨　つりがねちまだに
- 二刺血真壁蝨　ふたとげちまだに
- 大和真壁蝨　やまとまだに

[120] 眠

眠蚕　いこ[10]
〔季語〕春。眠りにはいった蚕。

部首5画《矢部》

[121] 短

短截虫　ちょっきり[14]
昆虫綱甲虫目オトシブミ科の甲虫。
- 板屋葉巻短截虫　いたやはまきちょっきり
  昆虫綱甲虫目オトシブミ科の甲虫。体長7〜10mm。楓(紅葉)、林檎に害を及ぼす。〔分布〕北

海道、本州、四国、九州。

黒芥子粒短截虫　くろけしつぶちょっきり
　昆虫綱甲虫目オトシブミ科の虫。体長2.7〜3.0mm。バラ類、柘榴、百日紅、苺に害を及ぼす。〔分布〕本州、四国、九州。

小楢猪首短截虫　こならいくびちょっきり
　昆虫綱甲虫目オトシブミ科の甲虫。体長3mm。〔分布〕本州、四国、九州。

茶色短截虫　ちゃいろちょっきり
　昆虫綱甲虫目オトシブミ科の甲虫。体長7mm。〔分布〕本州、四国、九州。

泥葉巻短截虫　どろはまきちょっきり
　昆虫綱甲虫目オトシブミ科の甲虫。体長6mm。〔分布〕北海道、本州。

葡萄葉巻短截虫　ぶどうはまきちょっきり
　昆虫綱甲虫目オトシブミ科の甲虫。体長5mm。葡萄に害を及ぼす。〔分布〕本州、四国、九州。

桃短截虫　ももちょっきり
　昆虫綱甲虫目オトシブミ科の甲虫。体長7〜10mm。ビワ、桃、スモモ、林檎、ナシ類、梅、アンズに害を及ぼす。〔分布〕北海道、本州、四国、九州。

寄居短截虫　やどかりちょっきり
　昆虫綱甲虫目オトシブミ科の甲虫。体長3.4〜3.6mm。〔分布〕北海道。

〔122〕矮

矮黄色塵芥虫[11]　きいろちびごもくむし
　昆虫綱甲虫目オサムシ科の甲虫。体長3.5mm。〔分布〕北海道、本州、四国、九州。

矮穀盗[14]　ちびこくぬすと
　昆虫綱甲虫目コクヌスト科の甲虫。体長3.5〜5.2mm。〔分布〕北海道、本州。

部首5画《石部》

〔123〕石

石蚕[10]　とびけら
　昆虫綱トビケラ目の昆虫の総称。

刳石蚕　えぐりとびけら
　昆虫綱毛翅目エグリトビケラ科。体長20〜25mm。〔分布〕北海道、本州、四国、九州。

縞石蚕　しまとびけら

流石蚕　ながれとびけら

人形石蚕　にんぎょうとびけら

鬚長河石蚕　ひげながかわとびけら

紫石蚕　むらさきとびけら

石崖蝶[11]　いしがけちょう
　昆虫綱鱗翅目タテハチョウ科イシガケチョウ亜科の蝶。別名イシガキチョウ。白地に複雑な模様。開張6〜7mm。〔分布〕インド北部か

ら、パキスタン、日本。〔季語〕春。

〔124〕磯

[13]磯鉦叩　いそかねたたき
昆虫綱直翅目コオロギ科。〔分布〕神奈川、静岡、三重、和歌山、宮崎。

部首5画《禾部》

〔125〕秋

[7]秋赤蜻蛉　あきあかね
昆虫綱蜻蛉目トンボ科アカネ属の蜻蛉。体長40mm。〔分布〕北海道、本州、四国、九州、対馬。〔季語〕秋。

[8]秋卒　あかえんば
〔季語〕秋。トンボの一種。

〔126〕稲

[11]稲春虫　いねつきむし
〔季語〕秋。古くから親しまれた呼名で、どの昆虫を指すのかは不明。

〔127〕穀

[11]穀盗　こくぬすと
昆虫綱甲虫目コクヌスト科の甲虫。
大穀盗　おおこくぬすと
大斑穀盗　おおまだらこくぬすと
穀盗人　こくぬすと

昆虫綱甲虫目コクヌスト科の甲虫。貯蔵穀類に多く見られる。体長6〜10mm。貯穀・貯蔵植物性食品に害を及ぼす。〔分布〕北海道、本州、四国、九州。
擬穀盗人　こくぬすともどき
胡麻斑穀盗　ごまだらこくぬすと
背高穀盗　せだかこくぬすと
矮穀盗　ちびこくぬすと

穀盗人　こくぬすと
昆虫綱甲虫目コクヌスト科の甲虫。貯蔵穀類に多く見られる。体長6〜10mm。貯穀・貯蔵植物性食品に害を及ぼす。〔分布〕北海道、本州、四国、九州。

擬穀盗人　こくぬすともどき
昆虫綱甲虫目ゴミムシダマシ科の甲虫。体長3〜4mm。貯穀・貯蔵植物性食品に害を及ぼす。〔分布〕日本各地。

部首5画《穴部》

〔128〕竃

[10]竃馬　いとど
〔季語〕秋。夜台所などに出てきて、残肴を食べる虫。キリギリス類に近い仲間。

部首5画《立部》

〔129〕竜

[15]竜蝨　げんごろう
昆虫綱甲虫目ゲンゴロウ科の甲虫。水生昆虫。黒光りする体が特徴。

竹部（竹, 笹）

準絶滅危惧種（NT）。体長35〜40mm。〔分布〕北海道、本州、四国、九州、南西諸島。〔季語〕夏。
綾波粒竜蝨　あやなみつぶげんごろう
黄縁黒姫竜蝨　きべりくろひめげんごろう
黄縁豆竜蝨　きべりまめげんごろう
黒竜蝨　くろげんごろう
黒頭豆竜蝨　くろずまめげんごろう
芥子竜蝨　けしげんごろう
擬竜蝨　げんごろうもどき
　昆虫綱甲虫目ゲンゴロウ科の甲虫。体長31〜35mm。〔分布〕北海道、本州北部。
小形竜蝨　こがたのげんごろう
小縞竜蝨　こしまげんごろう
小粒竜蝨　こつぶげんごろう
縞竜蝨　しまげんごろう
背条竜蝨　せすじげんごろう
粒竜蝨　つぶげんごろう
灰色竜蝨　はいいろげんごろう
豆竜蝨　まめげんごろう
円形竜蝨　まるがたげんごろう
昔竜蝨　むかしげんごろう
　ムカシゲンゴロウ科の甲虫。体長1.2mm。
六星艶小粒竜蝨　むつぼしつやこつぶげんごろう

部首6画《竹部》

〔130〕竹

[13] 竹節虫　ななふし

昆虫綱竹節虫目ナナフシ科。体長雄62mm、雌80〜100mm。桜類に害を及ぼす。〔分布〕本州、四国、九州。
枝竹節虫　えだななふし
熊本竹節虫　くまもとななふし
台湾飛竹節虫　たいわんとびななふし
刺竹節虫　とげななふし
飛竹節虫　とびななふし
安松飛竹節虫　やすまつとびななふし

〔131〕笹

[4] 笹切　ささきり

昆虫綱直翅目キリギリス科。体長20mm。〔分布〕本州（東京都以西）、四国、九州。〔季語〕秋。
擬笹切　ささきりもどき

[17] 笹螽蟖　ささきり

昆虫綱直翅目キリギリス科。体長20mm。〔分布〕本州（東京都以西）、四国、九州。〔季語〕秋。
淡色笹螽蟖　うすいろささきり
尾長笹螽蟖　おながささきり
　昆虫綱直翅目キリギリス科。別名オオササキリ。体長25〜52mm。〔分布〕本州、四国、九州、対馬。

難読/誤読 昆虫名漢字よみかた辞典

竹部（筒, 筬, 籐）米部（粉）糸部（紙, 紡, 細）

小翅笹螽蟖　こばねささきり
星笹螽蟖　ほしささきり

〔132〕筒

筒茸虫　つつきのこむし
昆虫綱甲虫目ツツキノコムシ科Cisidaeに属する昆虫の総称。
艶筒茸虫　つやつつきのこむし
二帯筒茸虫　ふたおびつつきのこむし
斑筒茸虫　まだらつつきのこむし

〔133〕筬

筬象虫　おさぞうむし
昆虫綱甲虫目オサゾウムシ科Rhynchophoridaeの昆虫の総称。

〔134〕籐

籐壁蝨　ささらだに
節足動物門クモ形綱ダニ目ササラダニ亜目に属するダニの総称。

部首6画《米部》

〔135〕粉

粉茶立　こなちゃたて
昆虫綱噛虫目コナチャタテ科のチャタテムシ目に属する昆虫の総称。障子などにとまって立てる微かな音が、茶を立てる音や、小豆を洗う音に似ている。体長雄1.02mm、雌1.10〜1.38mm。〔季語〕秋。

粉茶柱　こなちゃたて
昆虫綱噛虫目コナチャタテ科のチャタテムシ目に属する昆虫の総称。障子などにとまって立てる微かな音が、茶を立てる音や、小豆を洗う音に似ている。体長雄1.02mm、雌1.10〜1.38mm。〔季語〕秋。

部首6画《糸部》

〔136〕紙

紙魚　しみ
昆虫綱シミ目シミ科Lepismatidaeの昆虫の総称、また一般的にヤマトシミなど室内に住む種をさすことも多い。〔季語〕夏。羽根がなく、体長1cm足らずの細長い虫。

紙縒虫　こよりむし
節足動物門クモ形綱鬚脚目Palpigradiの陸生小動物の総称。

〔137〕紡

紡蟻　つむぎあり
昆虫綱膜翅目アリ科の昆虫のうち、幼虫の吐き出す糸を用いて巣をつくる習性をもつアリをいう。

〔138〕細

細蜂　やせばち
昆虫綱膜翅目ヤセバチ科に属する昆虫の総称。
蜚蠊細蜂　ごきぶりやせばち

糸部（紫，総，緋，縁）羽部（翅）老部（老）

[139] 紫

紫燕蝶　むらさきつばめ

昆虫綱鱗翅目シジミチョウ科ミドリシジミ亜科の蝶。別名タイワンムラサキツバメ。前翅長16〜23mm。〔分布〕本州（近畿が北限）、四国、九州、南西諸島。

[140] 総

総馬陸　ふさやすで

節足動物門倍脚綱フサヤスデ科Polyxenidaeに属する陸生動物の総称。

総鬚瑠璃天牛　ふさひげるりかみきり

昆虫綱甲虫目カミキリムシ科フトカミキリ亜科の甲虫。絶滅危惧I類（CR+EN）。体長11〜17mm。〔分布〕北海道、本州。

[141] 緋

緋縅蝶　ひおどしちょう

昆虫綱鱗翅目タテハチョウ科ヒオドシチョウ亜科の蝶。前翅長35〜40mm。〔分布〕北海道、本州、四国、九州。〔季語〕春。

[142] 縁

縁翅虫　へりはねむし

昆虫綱甲虫目アカハネムシ科の甲虫。体長3.8〜6.5mm。〔分布〕本州、四国、九州。

部首6画《羽部》

[143] 翅

翅長浮塵子　はねながうんか

昆虫綱半翅目ハネナガウンカ科に属する昆虫の総称。

赤翅長浮塵子　あかはねながうんか
赤斑翅長浮塵子　あかふはねながうんか
桑山翅長浮塵子　くわやまはねながうんか
前黒翅長浮塵子　まえぐろはねながうんか

翅斑蚊　はまだらか

蚊のふつうにみられる種類。昆虫綱双翅目糸角亜目カ科に属するハマダラカ属Anophelesのカの総称。〔季語〕夏。

翅斑淡蚊　はまだらうすか

昆虫綱双翅目カ科。〔分布〕北海道、本州中部以北。

部首6画《老部》

[144] 老

老蝶　おいちょう

〔季語〕秋。秋になって見かける蝶。

部首6画《耳部》

[145] 耳

[18] 耳蟬　みみずく
昆虫綱半翅目ミミズク科。体長14〜18mm。アオギリ、林檎に害を及ぼす。〔分布〕本州、四国、九州、対馬。
小耳蟬　こみみずく
扁耳蟬　ひらたみみずく

[146] 聒

[12] 聒聒児　くわっくわっじ
〔季語〕秋。ツクツクボウシのこと。

部首6画《肉部》

[147] 胡

[11] 胡麻斑蝶　ごまだらちょう
昆虫綱鱗翅目タテハチョウ科コムラサキ亜科の蝶。前翅長40〜42mm。〔分布〕北海道、本州、四国、九州。

[13] 胡蜂　すずめばち
昆虫綱膜翅目スズメバチ科に属する一種、およびスズメバチ亜科に属するハチの総称で、和名ススメバチは一名オオスズメバチ、大形種の俗称はクマンバチ。〔季語〕春。
大胡蜂　おおすずめばち

茶色胡蜂　ちゃいろすずめばち

[16] 胡頽子木虱　ぐみきじらみ
昆虫綱半翅目キジラミ科。〔分布〕日本各地。

[148] 脂

[8] 脂刺亀虫　やにさしがめ
昆虫綱半翅目サシガメ科。体長12〜15mm。〔分布〕本州、四国、九州。

脂刺椿象　やにさしがめ
昆虫綱半翅目サシガメ科。体長12〜15mm。〔分布〕本州、四国、九州。

[149] 脚

[4] 脚太小蜂　あしぶとこばち
昆虫綱膜翅目アシブトコバチ科のハチの総称。
赤脚太小蜂　あかあしぶとこばち
黄脚太小蜂　きあしぶとこばち

[12] 脚斑蚋　あしまだらぶゆ
昆虫綱双翅目ブユ科。体長3.5〜5.0mm。〔分布〕日本全土。
姫脚斑蚋　ひめあしまだらぶゆ

腰空蜻蛉　47ページ

蠍　62ページ

小灰蝶　19ページ

胡蜂　46ページ

挙尾虫　24ページ

象鼻虫　65ページ

茶翅挵蝶　25ページ

蝗　59ページ

斑蝥　27ページ

[150] 脹

脹天蛾 ふくらすずめ
昆虫綱鱗翅目ヤガ科シタバガ亜科の蛾。開張85mm。ナシ類、桃、スモモ、葡萄、柑橘、繊維作物に害を及ぼす。〔分布〕インド―オーストラリア地域、中国、台湾、北海道から九州、対馬、屋久島、徳之島。

脹雀蛾 ふくらすずめ
昆虫綱鱗翅目ヤガ科シタバガ亜科の蛾。開張85mm。ナシ類、桃、スモモ、葡萄、柑橘、繊維作物に害を及ぼす。〔分布〕インド―オーストラリア地域、中国、台湾、北海道から九州、対馬、屋久島、徳之島。

[151] 腰

腰空蜻蛉 こしあきとんぼ
昆虫綱蜻蛉目トンボ科の蜻蛉。体長40～45mm。〔分布〕本州、四国、九州、対馬、種子島、石垣島。

[152] 腿

腿刳家蠅 ももえぐりいえばえ
昆虫綱双翅目イエバエ科。体長6.3～8.0mm。〔分布〕北海道。

部首6画《自部》

[153] 臭

臭蜻蛉 くさかげろう
昆虫綱脈翅目クサカゲロウ科の小型で全体が美しい緑色をしている。開張26～34mm。〔分布〕北海道、本州。〔季語〕夏。

部首6画《艸部》

[154] 花

花潜 はなむぐり
昆虫綱甲虫目コガネムシ科ハナムグリ亜科の甲虫。体長14～18mm。林檎、柑橘、バラ類に害を及ぼす。〔分布〕北海道、本州、四国、九州。〔季語〕夏。コガネムシの一種。

小青花潜 こあおはなむぐり

[155] 芥

芥子木吸 けしきすい
昆虫綱甲虫目ケシキスイ科 Nitidulidaeの昆虫の総称。

[156] 芫

芫青 げんせい
ツチハンミョウ科の甲虫のうち、ツチハンミョウ属Meloe、マメハンミョウ属Epicautaの類を除くものの総称で、科の別名ともいえる。

黄色芫青 きいろげんせい
褄黒黄芫青 つまぐろきげん

岬部（茅, 苔, 苞, 茜, 荏, 草）

せい
土佐扁頭芫青　とさひらずげんせい

[157] 茅

[14]茅蜩　ひぐらし
〔季語〕秋。中型のセミで、からだはやや長めで幅狭く、翅は透明、腹部は濃褐色に金色の鱗毛を装い、ところどころ緑青色の模様があり、美しい。またその声が美しく秋らしい。

[158] 苔

[19]苔蟹虫　こけかにむし
蛛形綱クモ目コガネグモ科の蜘蛛。

[159] 苞

[13]苞蛾　つとが
昆虫綱鱗翅目メイガ科ツトガ亜科の蛾。開張24～38mm。稲、シバ類に害を及ぼす。〔分布〕北海道、本州、四国、九州、対馬、屋久島、沖縄本島、台湾、朝鮮半島、シベリア南東部、中国。
淡銀苞蛾　うすぎんつとが
淡黒条苞蛾　うすぐろすじつとが
銀条苞蛾　ぎんすじつとが
黒二帯苞蛾　くろふたおびつとが
芝苞蛾　しばつとが
外紋苞蛾　そともんつとが
細条苞蛾　ほそすじつとが

[160] 茜

[14]茜蜻蛉　あかね
昆虫綱トンボ目トンボ科アカネ属Sympetrumの総称。

[161] 荏

[9]荏胡鶲象鼻虫　えごしぎぞうむし
昆虫綱甲虫目ゾウムシ科の甲虫。体長5.5～7.0mm。〔分布〕本州、四国、九州。

[162] 草

[14]草蜻蛉　くさかげろう
昆虫綱脈翅目クサカゲロウ科の小型で全体が美しい緑色をしている。開張26～34mm。〔分布〕北海道、本州。〔季語〕夏。
赤条草蜻蛉　あかすじくさかげろう
背赤草蜻蛉　せあかくさかげろう
四星草蜻蛉　よつぼしくさかげろう

[15]草鞋虫　わらじむし
節足動物門甲殻綱等脚目ワラジムシ科の陸上動物。体長11mm。

[17]草螽蟖　くさきり
昆虫綱直翅目キリギリス科。体長40～55mm。稲に害を及ぼす。〔分布〕本州（関東、新潟県以南）、四国、九州、対馬、伊豆諸島。〔季語〕秋。
姫草螽蟖　ひめくさきり

岬部（茸, 茶, 葛, 菜, 菱, 萱, 落）

[163] 茸

茸蚊　たけか
別名キノコバエ。昆虫綱双翅目糸角亜目原カ群タケカ科 Mycetophilidae の昆虫の総称。

[164] 茶

茶柱虫　ちゃたてむし
昆虫綱チャタテムシ目 Psocoptera の昆虫の総称。〔季語〕秋。長さ2mmばかりの小さな虫で、腹部の末端のようなからだの一部で障子の紙をたたいて音を出している。噛歯目に属する昆虫。
黄紋毛茶柱虫　きもんけちゃたて
歯車茶柱虫　はぐるまちゃたて
星茶柱虫　ほしちゃたて

茶点虫　ちゃたてむし
昆虫綱チャタテムシ目 Psocoptera の昆虫の総称。

[165] 葛

葛矮吉丁虫　くずのちびたまむし
昆虫綱甲虫目タマムシ科の甲虫。体長3.2～3.9mm。〔分布〕本州、四国、九州、屋久島。

[166] 菜

菜亀虫　ながめ
昆虫綱半翅目カメムシ科。体長7～9mm。アブラナ科野菜に害を及ぼす。〔分布〕北海道、本州、四国、九州。

菜椿象　ながめ
昆虫綱半翅目カメムシ科。体長7～9mm。アブラナ科野菜に害を及ぼす。〔分布〕北海道、本州、四国、九州。

[167] 菱

菱浮塵子　ひしうんか
昆虫綱半翅目同翅亜目ヒシウンカ科 Cixiidae の昆虫の総称、およびそのなかの一種。
大菱浮塵子　おおひしうんか
四条菱浮塵子　よつすじひしうんか

[168] 萱

萱切　かやきり
昆虫綱直翅目キリギリス科。体長60～67mm。〔分布〕本州（関東、福井県以西）、四国、九州、対馬。

[169] 落

落文　おとしぶみ
昆虫綱甲虫目オトシブミ科の甲虫。体長7～10mm。栗に害を及ぼす。〔分布〕北海道、本州、四国、九州。
脚長落文　あしながおとしぶみ
淡赤落文　うすあかおとしぶみ
淡紋落文　うすもんおとしぶみ
樫瑠璃落文　かしるりおとしぶみ
胡麻斑落文　ごまだらおとし

ぶみ
背赤姫落文　せあかひめおとしぶみ
萩鶴頸落文　はぎつるくびおとしぶみ
髯長落文　ひげながおとしぶみ
姫瘤落文　ひめこぶおとしぶみ
六紋落文　むつもんおとしぶみ
瑠璃落文　るりおとしぶみ

〔170〕蓖

[11] 蓖麻蚕　ひまさん

昆虫綱鱗翅目ヤママユガ科の蛾。開張100〜116mm。

〔171〕蕪

[11] 蕪菁蜂　かぶらはばち

昆虫綱膜翅目ハバチ科。
背黒蕪菁蜂　せぐろかぶらはばち
日本蕪菁蜂　にほんかぶらはばち

〔172〕薯

[16] 薯蕷金花虫　やまいもはむし

昆虫綱甲虫目ハムシ科の甲虫。体長5〜6mm。ヤマノイモ類に害を及ぼす。〔分布〕本州、四国、九州、南西諸島。

〔173〕薄

[4] 薄手火蛾　うすたびが

昆虫綱鱗翅目ヤママユガ科の蛾。開張雄75〜90mm、雌80〜110mm。桜桃、栗、楓(紅葉)に害を及ぼす。〔分布〕本州、四国、九州、シベリア南東部。

[5] 薄皮蝸牛　うすかわまいまい

軟体動物門腹足綱オナジマイマイ科のカタツムリ。高さ20mm。ウリ科野菜、キク科野菜、シソ、セリ科野菜、ナス科野菜、ヤマノイモ類、ユリ科野菜、柑橘、アカザ科野菜、ウド、アブラナ科野菜に害を及ぼす。〔分布〕日本全国、朝鮮半島。

[6] 薄色木間蝶　うすいろこのまちょう

昆虫綱鱗翅目タテハチョウ科の蝶。前翅には四角めの目玉模様、裏面には黒褐色のまだら模様がある。開張6〜8mm。〔分布〕アフリカ、東南アジア、オーストラリア。

〔174〕薊

[10] 薊馬　あざみうま

別名スリップス。昆虫綱アザミウマ目Thysanopteraの微小な昆虫の総称。
稲管薊馬　いねくだあざみうま
禾本科花薊馬　かほんかはなあざみうま
茸管薊馬　きのこくだあざみうま

岬部（藜，蓢）虫部（虫，虱）

黄胸縞薊馬　きむねしまあざみうま
草黄色薊馬　くさきいろあざみうま
栗翅薊馬　くりばねあざみうま
桑薊馬　くわあざみうま
笹管薊馬　ささくだあざみうま
椎尾長管薊馬　しいおながくだあざみうま
椎円管薊馬　しいまるくだあざみうま
茶黄色薊馬　ちゃのきいろあざみうま
葱薊馬　ねぎあざみうま
野口擬管薊馬　のぐちくだあざみうまもどき
花薊馬　はなあざみうま
鬚太薊馬　ひげぶとあざみうま
枇杷花薊馬　びわはなあざみうま
豆花薊馬　まめはなあざみうま
百合管薊馬　ゆりのくだあざみうま

〔175〕藜

藜潜花蠅[15]
あかざもぐりはなばえ
昆虫綱双翅目ハナバエ科。体長5～6mm。アカザ科野菜に害を及ぼす。〔分布〕北海道、本州、九州。

〔176〕蓢

蓢豆鳥羽蛾[7]
ふじまめとりば
昆虫綱鱗翅目トリバガ科の蛾。開張15～18mm。隠元豆、小豆、ササゲに害を及ぼす。〔分布〕北海道、本州、四国、九州、対馬、徳之島、沖縄本島、石垣島、台湾、インドからオーストラリア、アフリカ、南アメリカ。

部首6画《虫部》

〔177〕虫

虫癭蜱[22]　**ふしだに**
節足動物門クモ形綱ダニ目フシダニ科Eriophyidaeのダニの総称。

〔178〕虱

虱　**しらみ**
人の体に寄生して血を吸ったり、伝染病を媒介することもある。昆虫綱シラミ目Anopluraの昆虫の総称。〔季語〕夏。
頭虱　あたまじらみ
鶩長羽虱　あひるながはじらみ
犬羽虱　いぬはじらみ
牛虱　うしじらみ
牛細虱　うしほそじらみ
馬虱蠅　うましらみばえ
角顎羽虱　かくあごはじらみ
鴨羽虱　かもはじらみ
木虱　きじらみ
　昆虫綱半翅目同翅亜目キジラミ

科Psyllidaeに属する昆虫の総称。
口広羽虱　くちびろはじらみ
胡頽子木虱　ぐみきじらみ
黒尖木虱　くろとがりきじらみ
黒林檎木虱　くろりんごきじらみ
桑木虱　くわきじらみ
毛虱　けじらみ
小黒木虱　こくろきじらみ
粉虱　こなじらみ
衣虱　ころもじらみ
信濃粉虱　しなのこなじらみ
虱壁蝨　しらみだに
虱蝿　しらみばえ
水牛虱　すいぎゅうじらみ
雀羽虱　すずめはじらみ
台湾羽虱　たいわんはじらみ
床虱　とこじらみ
　別名ナンキンムシ。昆虫綱半翅目異翅亜目トコジラミ科Cimicidaeの昆虫の総称、またはそのなかの一種。〔季語〕夏。
梨木虱　なしきじらみ
鶏長羽虱　にわとりながはじらみ
根黒木虱　ねぐろきじらみ
羽虱　はじらみ
鳩長羽虱　はとながはじらみ
花見虱　はなみじらみ
　〔季語〕春。よごれた冬の着物にわいたシラミが、花見ごろに活動を始めること。
赤楊木虱　はんのきじらみ
角太尖木虱　ひげぶととがりきじらみ
菱木虱　ひしきじらみ
人虱　ひとじらみ
姫粉虱　ひめこなじらみ

鵯羽虱　ひよどりはじらみ
扁頭木虱　ひらずきじらみ
豚虱　ぶたじらみ
葡萄粉虱　ぶどうこなじらみ
紅木虱　べにきじらみ
蜜柑粉虱　みかんこなじらみ
蜜柑棘粉虱　みかんとげこなじらみ
蜜蜂虱蝿　みつばちしらみばえ
大和木虱　やまときじらみ
栗鼠虱　りすじらみ

〔179〕蚊

蚊ヶ母　ががんぼ
昆虫綱双翅目糸角亜目カ群カガンボ科Tipulidaeの昆虫の総称。

〔180〕蚕

蚕　かいこ
昆虫綱鱗翅目カイコガ科カイコ属の蛾。別名カイコガ。翅はふつう白色。繭から絹糸をとるため古くから中国や日本などで飼育されてきた。開張4〜6mm。〔季語〕春。
眠蚕　いこ
　〔季語〕春。眠りにはいった蚕。
大擬桑蚕蛾　おおくわごもどき
家蚕　かいこ
　〔季語〕春。
起蚕　きこ
　〔季語〕春。脱皮を終え眠りからさめたカイコ。
樟蚕　くすさん
　昆虫綱鱗翅目ヤママユガ科の蛾。別名クリケムシ、シラガタロウ。開張100〜130mm。柿、

虫部（蚋）

梅、アンズ、桜桃、林檎、栗、ハゼ、漆、イチョウ、楓（紅葉）、柘榴、百日紅、桜類に害を及ぼす。〔分布〕北海道、本州、四国、九州、対馬、屋久島、シベリア南東部。〔季語〕夏。

桑蚕　くわご

毛蚕　けご
〔季語〕春。春、孵化したての黒い毛のはえた幼虫のこと。

柞蚕　さくさん
昆虫綱鱗翅目ヤママユガ科の蛾。開張110〜130mm。〔分布〕中国、日本、ヨーロッパ。

蚕蛾　さんが
〔季語〕夏。カイコガ科のガ。

真珠蚕　しんじゅさん
昆虫綱鱗翅目ヤママユガ科の蛾。幅広い淡色の帯や、透明な三日月形の斑紋をもつ。開張9〜14mm。ナンキンハゼ、ハゼ、ヌルデ、ニワウルシに害を及ぼす。〔分布〕アジア、ヨーロッパ各地。

透蚕　すきこ
〔季語〕春。老熟し、繭を作る前の体の透き通った蚕。

蚕豆象鼻虫　そらまめぞうむし

天蚕糸蚕　てぐすさん

夏蚕　なつご
〔季語〕夏。夏に飼育される蚕のこと。

春蚕　はるご
〔季語〕春。春に飼われる蚕。

蓖麻蚕　ひまさん
昆虫綱鱗翅目ヤママユガ科の蛾。開張100〜116mm。

山蚕　やまがいこ
〔季語〕夏、春。櫟・楢・柏・樫・栗などの葉を食べ、黄緑色に白粉のまじった、細長いまゆを作る大型の蛾。

山蚕　やままゆ
〔季語〕夏。ヤママユガ科に属する大型のガ。前後翅に一つずつある円い斑紋が特徴。

天蚕　やままゆ
〔季語〕夏。ヤママユガ科に属する大型のガ。前後翅に一つずつある円い斑紋が特徴。

与那国蚕蛾　よなぐにさん
昆虫綱鱗翅目ヤママユガ科の蛾。世界最大種。翅には透明な三角形の斑紋がある。準絶滅危惧種（NT）。開張15.9〜30.0mm。〔分布〕インド、スリランカから、中国、マレーシア、インドネシア。

蚕豆象鼻虫
そらまめぞうむし
昆虫綱甲虫目マメゾウムシ科の甲虫。体長4〜5mm。豌豆、空豆、貯穀・貯蔵植物性食品に害を及ぼす。〔分布〕本州、四国、九州。

〔181〕蚋

蚋　ぶと
〔季語〕夏。ハエ目ブユ科の昆虫。ハエを小さくしたような形で、人などの血を吸う。

蚋　ぶゆ
昆虫綱双翅目糸角亜目ブユ科 Simuliidae の昆虫の総称。

脚斑蚋　あしまだらぶゆ
大蚋　おおぶゆ
黄脚大蚋　きあしおおぶゆ
姫脚斑蚋　ひめあしまだらぶゆ

[182] 蚯

蚯蚓 みみず
[10]

環形動物門貧毛綱Oligochaetaの動物の総称であるが、陸生の大形のみみずをさしていることが多い。〔季語〕夏。

油蚯蚓　あぶらみみず
糸蚯蚓　いとみみず
　〔季語〕夏。アカコの別名。
鰓蚯蚓　えらみみず
悴蚯蚓　かせみみず
縞蚯蚓　しまみみず
八田蚯蚓　はったみみず
普通蚯蚓　ふつうみみず
太蚯蚓　ふとみみず
蛍蚯蚓　ほたるみみず
水蚯蚓　みずみみず
揺蚯蚓　ゆりみみず

[183] 蚰

蚰蜒 げじ
[13]

別名ゲジゲジ。節足動物門唇脚綱ゲジ目Scutigeromorphaの陸生動物の総称。

蚰蜒 げじげじ

〔季語〕夏。節足動物に属する動物。十五対の足がある。

大蚰蜒　おおげじ
　〔季語〕夏。2、3cmの節足動物で、十五対の細長い脚が生え、いちばん後の脚だけが長く、それを使って疾行する。

[184] 蜩

蜩蟟 つくつくぼうし
[18]

〔季語〕秋。普通に見られるセミのなかではいちばんおそく出現して、秋おそくまで聞かれる、わりあいに小型のセミ。

蜩蟟 みんみんぜみ

昆虫綱半翅目セミ科のセミ。体長57〜63mm。梅、アンズに害を及ぼす。〔分布〕北海道、本州、四国、九州、対馬。

[185] 蜂

蜂雀蛾 ほうじゃく
[11]

鱗翅目スズメガ科の昆虫のうち、比較的小型で、主として昼飛性の種の総称。

[186] 蜆

蜆蝶 しじみちょう
[15]

昆虫綱鱗翅目シジミチョウ科Lycaenidaeの総称、またはヒメシジミ Plebejus argusの旧和名。〔季語〕春。

[187] 蜈

蜈蚣 むかで
[10]

ヤスデに似るが、環節から足は一対しかない。節足動物門唇脚類Chilopodaに属する陸生動物のうち、ゲジ目を除いたものの総称。〔季語〕夏。

青頭蜈蚣　あおずむかで
　〔季語〕夏。ムカデの一種。
赤頭蜈蚣　あかずむかで

虫部（蜉）

〔季語〕夏。ムカデの一種。
赤蜈蚣 あかむかで
節足動物門唇脚綱オオムカデ目メナシムカデ科アカムカデ属の陸生動物の総称。〔季語〕夏。
石蜈蚣 いしむかで
巨蜈蚣 おおむかで
小蜈蚣 こむかで
地蜈蚣 じむかで
鳶頭蜈蚣 とびずむかで
節足動物門唇脚綱オオムカデ目オオムカデ科の陸生動物。体長110〜130mm。〔分布〕青森県以西。〔季語〕夏。
並小蜈蚣 なみこむかで

〔188〕蜉

蜉蝣 かげろう
昆虫綱カゲロウ目Ephemeropteraの昆虫の総称。〔季語〕秋。体長1cmぐらいほどの弱々しい昆虫。翅は透明で、からだは細長く、色は淡い。
赤斑蜉蝣 あかまだらかげろう
網目蜉蝣 あみめかげろう
薄翅蜉蝣 うすばかげろう
〔季語〕夏。
雲紋広翅蜉蝣 うんもんひろばかげろう
大双尾蜉蝣 おおふたおかげろう
大斑蜉蝣 おおまだらかげろう
尾長扁蜉蝣 おながひらたかげろう
大蚊蜉蝣 ががんぼかげろう
川蜉蝣 かわかげろう
黄色河蜉蝣 きいろかわかげろう
黄色扁蜉蝣 きいろひらたかげろう
黄肌扁蜉蝣 きはだひらたかげろう
草蜉蝣 くさかげろう
昆虫綱脈翅目クサカゲロウ科の小型で全体が美しい緑色をしている。開張26〜34mm。〔分布〕北海道、本州。〔季語〕夏。
黒谷川蜉蝣 くろたにがわかげろう
黒斑蜉蝣 くろまだらかげろう
子蜉蝣 こかげろう
白粉蜉蝣 しろこなかげろう
白谷川蜉蝣 しろたにがわかげろう
透広翅蜉蝣 すかしひろばかげろう
棘鳶色蜉蝣 とげとびいろかげろう
鳶色蜉蝣 とびいろかげろう
並鳶色蜉蝣 なみとびいろかげろう
並双尾蜉蝣 なみふたおかげろう
灯取蛾蜉蝣 ひとりがかげろう
姫白蜉蝣 ひめしろかげろう
姫扁蜉蝣 ひめひらたかげろう
姫双尾蜉蝣 ひめふたおかげろう
扁蜉蝣 ひらたかげろう
双尾蜉蝣 ふたおかげろう
二条紋蜉蝣 ふたすじもんかげろう
双翅蜉蝣 ふたばかげろう
前黒姫双尾蜉蝣 まえぐろひめふたおかげろう
斑蜉蝣 まだらかげろう

斑粉蜉蝣　まだらこなかげろう
六条紋蜉蝣　むすじもんかげろう
紋蜉蝣　もんかげろう
   昆虫綱蜉蝣目モンカゲロウ科。体長20〜25mm。〔分布〕日本各地。〔季語〕秋。
弓紋扁蜉蝣　ゆみもんひらたかげろう

蜉蝣鬚丈蚊　かげろうひげたけか
昆虫綱双翅目キノコバエ科。〔分布〕北海道、本州。

〔189〕蛺

[15] 蛺蝶　たてはちょう
昆虫綱鱗翅目タテハチョウ科Nymphalidaeの総称。〔季語〕春。
青擬蛺蝶　あおたてはもどき
赤蛺蝶　あかたては
   〔季語〕春。
黄蛺蝶　きたては
黄縁蛺蝶　きべりたては
擬蛺蝶　たてはもどき
姫赤蛺蝶　ひめあかたては
三色蛺蝶　みいろたては
   昆虫綱鱗翅目タテハチョウ科Agrias属に含まれるチョウの総称。
瑠璃蛺蝶　るりたては
   昆虫綱鱗翅目タテハチョウ科ヒオドシチョウ亜科の蝶。青味をおびた黒色で、外側に淡い色の帯。開張6.0〜7.5mm。〔分布〕インド、スリランカ、マレーシア、フィリピン、日本。〔季語〕春。

〔190〕蜻

[11] 蜻蛉　とんぼ
昆虫綱トンボ目Odonataに属する昆虫の総称。〔季語〕秋。
青肌蜻蛉　あおはだとんぼ
赤条草蜻蛉　あかすじくさかげろう
   昆虫綱脈翅目クサカゲロウ科。開張25mm。〔分布〕本州、九州、南西諸島。
赤蜻蛉　あかとんぼ
   昆虫綱トンボ目トンボ科のアカネ属Sympetrumの種類の総称であるが、広義にはショウジョウトンボやベニトンボの成熟雄や、ウスバキトンボの赤化したものなどをさすことがある。〔季語〕秋。
茜蜻蛉　あかね
   昆虫綱トンボ目トンボ科アカネ属Sympetrumの総称。
秋赤蜻蛉　あきあかね
   昆虫綱蜻蛉目トンボ科アカネ属の蜻蛉。体長40mm。〔分布〕北海道、本州、四国、九州、対馬。〔季語〕秋。
糸蜻蛉　いととんぼ
   昆虫綱トンボ目イトトンボ科Agrionidaeのトンボ類をさすが、広義には均翅亜目のカワトンボ群を除いた小形で細身のアオイトトンボ科やモノサシトンボ科なども含んだ総称。〔季語〕夏。
薄翅蜻蛉　うすばかげろう
   昆虫綱脈翅目ウスバカゲロウ科の昆虫の総称、およびその一種。
蝦夷茜蜻蛉　えぞあかね
   昆虫綱蜻蛉目トンボ科の蜻蛉。体長30〜35mm。〔分布〕北海道東部。
蝦夷蜻蛉　えぞとんぼ

虫部（蜻）

昆虫綱蜻蛉目エゾトンボ科の蜻蛉。体長46〜50mm。〔分布〕北海道、本州、四国、九州。

大黄蜻蛉　おおきとんぼ
大塩辛蜻蛉　おおしおからとんぼ
大山蜻蛉　おおやまとんぼ
越年蜻蛉　おつねんとんぼ
鉄漿蜻蛉　おはぐろとんぼ
〔季語〕夏。
蚊蜻蛉　かとんぼ
〔季語〕夏。かがんぼの別名。
青銅蜻蛉　からかねとんぼ
臭蜻蛉　くさかげろう
昆虫綱脈翅目クサカゲロウ科の小型で全体が美しい緑色をしている。開張26〜34mm。〔分布〕北海道、本州。〔季語〕夏。
草蜻蛉　くさかげろう
昆虫綱脈翅目クサカゲロウ科の小型で全体が美しい緑色をしている。開張26〜34mm。〔分布〕北海道、本州。〔季語〕夏。
櫛鬚蜻蛉　くしひげかげろう
昆虫綱脈翅目クシヒゲカゲロウ科。開張25mm。〔分布〕本州、四国、九州。
毛蜻蛉　けかげろう
昆虫綱脈翅目ケカゲロウ科。開張25mm。〔分布〕本州、四国、九州。
小蛟蜻蛉　こうすばかげろう
腰空蜻蛉　こしあきとんぼ
粉蜻蛉　こなかげろう
早苗蜻蛉　さなえとんぼ
〔季語〕夏。サナエトンボ科のトンボの総称。田植えの時期に多く出現する。
塩辛蜻蛉　しおからとんぼ
塩屋蜻蛉　しおやとんぼ
昆虫綱蜻蛉目トンボ科の蜻蛉。体長42mm。〔分布〕日本各地。〔季語〕秋。
猩々蜻蛉　しょうじょうとんぼ
昆虫綱蜻蛉目トンボ科の蜻蛉。体長48mm。〔分布〕北海道をのぞく日本全土。〔季語〕秋。
精霊蜻蛉　しょうりょうとんぼ
白腹蜻蛉　しろはらとんぼ
〔季語〕秋。カゲロウの一種。
透羽蝶蜻蛉　すきばちょうとんぼ
背赤草蜻蛉　せあかくさかげろう
大陸茜蜻蛉　たいりくあかね
高嶺蜻蛉　たかねとんぼ
〔季語〕秋。
茶翅姫蜻蛉　ちゃばねひめかげろう
蝶蜻蛉　ちょうとんぼ
角蜻蛉　つのとんぼ
灯心蜻蛉　とうしんとんぼ
〔季語〕夏。糸トンボの別称。
虎斑蜻蛉　とらふとんぼ
根黄蜻蛉　ねきとんぼ
熨斗目蜻蛉　のしめとんぼ
羽黒蜻蛉　はぐろとんぼ
八丁蜻蛉　はっちょうとんぼ
姫茜蜻蛉　ひめあかね
姫蜻蛉　ひめかげろう
広翅蜻蛉　ひろばかげろう
鼈甲蜻蛉　べっこうとんぼ
星蛟蜻蛉　ほしうすばかげろう
斑蛟蜻蛉　まだらうすばかげろう
水蜻蛉　みずかげろう
緑姫蜻蛉　みどりひめかげろう

南川蜻蛉　みなみかわとんぼ
昔河蜻蛉　むかしかわとんぼ
　昆虫綱トンボ目ムカシカワトンボ科Amphipterygidaeの昆虫の総称。
陸奥茜蜻蛉　むつあかね
物差蜻蛉　ものさしとんぼ
大和姫蜻蛉　やまとひめかげろう
山蜻蛉　やまとんぼ
山原棘尾蜻蛉　やんばるとげおとんぼ
四星草蜻蛉　よつぼしくさかげろう
四星蜻蛉　よつぼしとんぼ
瑠璃糸蜻蛉　るりいととんぼ

蜻蛉　とんぼ[13]
〔季語〕秋。蜻蛉目の昆虫の総称。

蜻蜓　やんま
昆虫綱トンボ目ヤンマ科Aeschnidaeの昆虫の総称。
青蜻蜓　あおやんま
団扇蜻蜓　うちわやんま
尾長早苗蜻蜓　おながさなえ
鬼蜻蜓　おにやんま
〔季語〕秋。
蚊取蜻蜓　かとりやんま
黄色早苗蜻蜓　きいろさなえ
銀蜻蜓　ぎんやんま
黒早苗蜻蜓　くろさなえ
腰細蜻蜓　こしぼそやんま
更紗蜻蜓　さらさやんま
姫早苗蜻蜓　ひめさなえ
斑蜻蜓　まだらやんま
南蜻蜓　みなみやんま
昔蜻蜓　むかしやんま

藪蜻蜓　やぶやんま
瑠璃星蜻蜓　るりぼしやんま

〔191〕蜩

蜩　ひぐらし
昆虫綱半翅目セミ科。体長39〜50mm。〔分布〕北海道（南部）、本州、四国、九州、奄美大島。〔季語〕秋。中型のセミで、からだはやや長めで幅狭く、翅は透明、腹部は濃褐色に金色の鱗毛を装い、ところどころ緑青色の模様があり、美しい。またその声が美しく秋らしい。
茅蜩　ひぐらし
〔季語〕秋。

〔192〕蜚

蜚蠊　ごきぶり[19]
油虫の別称。昆虫綱ゴキブリ目Blattodeaに属する昆虫の総称。
〔季語〕夏。
家蜚蠊　いえごきぶり
大蜚蠊　おおごきぶり
小笠原蜚蠊　おがさわらごきぶり
黒蜚蠊　くろごきぶり
蜚蠊小蜂　ごきぶりこばち
　昆虫綱膜翅目ヒメコバチ科。体長2mm。〔分布〕日本全土。
蜚蠊細蜂　ごきぶりやせばち
　昆虫綱膜翅目ヤセバチ科。
薩摩蜚蠊　さつまごきぶり
茶翅蜚蠊　ちゃばねごきぶり
姫黒蜚蠊　ひめくろごきぶり
斑蜚蠊　まだらごきぶり
大和蜚蠊　やまとごきぶり
輪紋蜚蠊　わもんごきぶり

虫部（蝦, 蝸, 蝗, 蝙）

[193] 蝦

蝦夷鈴虫　えぞすず

昆虫綱直翅目コオロギ科。体長7～10mm。稲に害を及ぼす。〔分布〕北海道、本州（近畿、中国山地以北）。

[194] 蝸

蝸牛被　まいまいかぶり

昆虫綱甲虫目オサムシ科の甲虫。体長28～60mm。〔分布〕本州（近畿以西）、四国、九州、屋久島。

[195] 蝗

蝗　いなご

〔季語〕秋。バッタの仲間で、主としてイネの葉を食べて成長し、長野県下や東北地方ではひろく食用とされる。

蝗　ばった

昆虫綱直翅目バッタ亜目のうちバッタ上科Acridioideaおよび少数の近縁群をふくむものの総称。

擬蝗虫　いなごもどき
疣蝗　いぼばった
負蝗虫　おんぶばった
河原蝗虫　かわらばった
車蝗　くるまばった
車蝗虫　くるまばった
小翅蝗虫　こばねいなご
精霊蝗　しょうりょうばった
精霊蝗虫　しょうりょうばった
擬精霊蝗　しょうりょうばっ
たもどき
高嶺雛蝗虫　たかねひなばった
土蝗虫　つちいなご
殿様蝗　とのさまばった
殿様蝗虫　とのさまばった
鳴蝗　なきいなご
蚤蝗　のみばった

昆虫綱直翅目ノミバッタ科。体長4～5mm。〔分布〕北海道、本州、四国、九州。

小翅蝗虫　はねながいなご
翅長蝗虫　はねながいなご
翅長蕗蝗虫　はねながふきばった
菱蝗　ひしばった
雛蝗　ひなばった
広翅雛蝗虫　ひろばねひなばった
蕗蝗　ふきばった
冬蝗　ふゆいなご

〔季語〕冬。初冬に見られる生き残りのイナゴ。

斑蝗虫　まだらばった
深山蕗蝗　みかどふきばった

[196] 蝙

蝙蝠蛾　こうもりが

昆虫綱鱗翅目コウモリガ科の蛾。開張81～90mm。ナス科野菜、苺、柿、桜桃、ナシ類、枇杷、桃、スモモ、林檎、葡萄、栗、キウイ、柑橘、オリーブ、ホップ、茶、麦類、タバコ、ダリア、イネ科作物、ユリ類、リンドウ、アオギリ、楓（紅葉）、プラタナス、椿、山茶花、ジャガイモ、フジに害を及ぼす。〔分布〕北海道、本州、四国、九州、対馬、屋久島、中国東北からシベリア南東部。〔季語〕夏。

黄斑蝙蝠蛾　きまだらこうもり
白点蝙蝠蛾　しろてんこうもり

[197] 螟

⁶螟虫　めいちゅう

昆虫類のうち、草木の茎や枝の髄（中心部）に食入する昆虫の幼虫のことをいうが、おもにイネノズイムシともよばれるニカメイガの幼虫をさすことが多い。

螟虫赤卵蜂　ずいむしあかたまごばち

節足動物門昆虫綱膜翅目タマゴヤドリコバチ科。〔分布〕日本各地。

¹³螟蛾　めいが

昆虫綱鱗翅目メイガ科Pyralidaeの総称。〔季語〕夏。

稲小水螟蛾　いねこみずめいが
大淡紅尖螟蛾　おおうすべにとがりめいが
角紋野螟蛾　かくもんのめいが
黒条野螟蛾　くろすじのめいが
黒縁野螟蛾　くろへりのめいが
小二条縞螟蛾　こふたすじしまめいが
条粉斑螟蛾　すじこなまだらめいが
尖螟蛾　とがりめいが
二化螟蛾　にかめいが
熨斗目斑螟蛾　のしめまだらめいが
太螟蛾　ふとめいが
斑螟蛾　まだらめいが

[198] 蠓

³蠓子　ぶと

〔季語〕夏。ハエ目ブユ科の昆虫。ハエを小さくしたような形で、人などの血を吸う。

[199] 蜢

¹¹蜢蜥　ばった, けいれき

〔季語〕秋。直翅類の跳躍目に属する昆虫。

[200] 螠

螠　ゆむし

環形動物門ユムシ綱Echiuroideaに属する海産動物の総称、またはそのなかの一種。

北螠　きたゆむし
緑螠　みどりゆむし

[201] 蟋

¹⁷蟋蟀螽蟖　ころぎす

昆虫綱直翅目コロギス科。体長28〜45mm。〔分布〕本州、四国、九州、対馬。

蟋蟀　こおろぎ

昆虫綱直翅目コオロギ上科Grylloideaの昆虫の総称。〔季語〕秋。

油蟋蟀　あぶらこおろぎ
　〔季語〕秋。コオロギの一種類。
蟻塚蟋蟀　ありづかこおろぎ

60　難読/誤読　昆虫名漢字よみかた辞典

虫部（螽，螻）

閻魔蟋蟀　えんまこおろぎ
阿亀蟋蟀　おかめこおろぎ
竃蟋蟀　かまどこおろぎ
茅蟋蟀　かやこおろぎ
朽木蟋蟀　くちきこおろぎ
口長蟋蟀　くちながこおろぎ
熊蟋蟀　くまこおろぎ
黒艶蟋蟀　くろつやこおろぎ
東京蟋蟀　とうきょうこおろぎ
〔季語〕秋。
裸蟋蟀　はだかこおろぎ
〔季語〕秋。夜、台所や湿気のある縁の下などに棲み、長大な後肢を利して跳躍するコオロギ。
原阿亀蟋蟀　はらおかめこおろぎ
姫蟋蟀　ひめこおろぎ
昆虫綱直翅目コオロギ科。体長10〜11mm。〔分布〕本州（関東、中部、近畿）。〔季語〕秋。
三角蟋蟀　みつかどこおろぎ
昆虫綱直翅目コオロギ科。体長16〜21mm。ウリ科野菜、アブラナ科野菜、稲に害を及ぼす。〔分布〕本州（東北南部以南）、四国、九州。〔季語〕秋。
大和蟋蟀　やまとこおろぎ
〔季語〕秋。コオロギの一種類。

〔202〕螽

螽　いなご
〔季語〕秋。バッタの仲間で、主としてイネの葉を食べて成長し、長野県下や東北地方ではひろく食用とされる。
螇螽　はたはた
〔季語〕秋。バッタの俗称。

[18]
螽蟖　きりぎりす
昆虫綱直翅目キリギリス科。体長38〜57mm。〔分布〕本州、四国、九州。〔季語〕秋。
草螽蟖　くさきり
〔季語〕秋。
頸螽蟖　くびきりぎす
小翅姫螽蟖　こばねひめぎす
蟋蟋螽蟖　ころぎす
笹螽蟖　ささきり
〔季語〕秋。
翅長螽蟖　はねながきりぎりす
姫螽蟖　ひめぎす
姫草螽蟖　ひめくさきり
藪螽蟖　やぶきり
〔季語〕秋。

〔203〕螻

[11]
螻蛄　けら
昆虫綱直翅目ケラ科のバッタ目ケラ科の昆虫。通常土中で生活しており、前足はモグラの手のような形をしている。体長30〜35mm。サツマイモ、大豆、アブラナ科野菜、ウリ科野菜、ナス科野菜、甜菜、ゴマ、タバコ、繊維作物、カーネーション、ジャガイモ、シバ類、イネ科作物、麦類に害を及ぼす。〔分布〕北海道、本州、四国、九州、対馬、南西諸島。〔季語〕夏。
毛飛螻蛄　けとびけら
昆虫綱トビケラ目ケトビケラ科の昆虫の総称。
飛螻蛄　とびけら
昆虫綱トビケラ目の昆虫の総称。

[204] 蠿

蠿 はあり
〔季語〕夏。蟻や白蟻の雌雄で初夏から盛夏にかけて羽が生じたもの。

[205] 蟻

蟻寄生小蜂 [11] ありやどりこばち
昆虫綱膜翅目アリヤドリコバチ科のハチの総称。

[206] 蠍

蠍 さそり
節足動物門クモ形綱サソリ目Scorpionesに属する動物の総称。
〔季語〕夏。サソリ目の節足動物。熱帯地方に棲息し、毒をもつクモの仲間。

極東蠍 きょくとうさそり

蠍擬 さそりもどき

斑蠍 まだらさそり
節足動物門クモ形綱サソリ目キョクトウサソリ科の陸生動物。体長45mm。〔分布〕沖縄県の石垣島、宮古島。

八重山蠍 やえやまさそり
節足動物門クモ形綱サソリ目コガネサソリ科の陸生動物。体長30〜40mm。〔分布〕石垣島、宮古島。

[207] 蟷

蟷螂 [16] かまきり, とうろう
昆虫綱蟷螂目カマキリ科。〔季語〕秋。直翅類に属する昆虫。

薄翅蟷螂 うすばかまきり

大蟷螂 おおかまきり

蟷螂蠅 かまきりばえ
昆虫綱双翅目ミギワバエ科。〔分布〕北海道、本州。

擬蟷螂 かまきりもどき

枯蟷螂 かれとうろう
〔季語〕冬。あたりの草が枯色になってくると、保護色で緑色から枯葉色に変るカマキリ。

子蟷螂 こかまきり
〔季語〕夏。孵化したばかりのカマキリの子ども。

小蟷螂 こかまきり

腹広蟷螂 はらびろかまきり

雛蟷螂 ひなかまきり

姫蟷螂 ひめかまきり

姫擬蟷螂 ひめかまきりもどき

姫水蟷螂 ひめみずかまきり

水蟷螂 みずかまきり
昆虫綱半翅目異翅亜目タイコウチ科Nepidaeミズカマキリ亜科Ranatrinaeに属する昆虫の総称、またはそのなかの一種。

[208] 蠽

蠽螽 [17] はたはた
〔季語〕秋。バッタの俗称。

[209] 蠛

蠛蠓 [20] まくなぎ
〔季語〕夏。ヌカカやユスリカの類をいう。人の血を吸うものもいる。

[210] 蠹

蠹 しみ
〔季語〕夏。紙魚の別称。

木蠹蛾 ぼくとうが
昆虫綱鱗翅目ボクトウガ科の蛾。開張雄34〜74mm、雌55〜80mm。林檎、栗、楓（紅葉）、桜類に害を及ぼす。〔分布〕関東、近畿、北海道、九州。

蠹魚 しみ
〔季語〕夏。紙魚の別称。

部首6画《行部》

[211] 行

行灯水母 あんどんくらげ
〔季語〕夏。半球形に近い傘があり、その下に多数の触手をもつクラゲの一種。

行灯海月 あんどんくらげ
〔季語〕夏。海月の一種。

部首6画《衣部》

[212] 衣

衣魚 しみ
昆虫綱シミ目シミ科Lepismatidaeの昆虫の総称、また一般的にヤマトシミなど室内に住む種をさすことも多い。〔季語〕夏。紙魚の別称。

西洋衣魚 せいようしみ
瀬戸衣魚 せとしみ
斑衣魚 まだらしみ
大和衣魚 やまとしみ

[213] 被

被壁蟎 かぶりだに
節足動物門クモ形綱ダニ目ダニ科Phytoseiidaeのダニの総称。

[214] 袷

袷蜘蛛 あわせぐも
節足動物門クモ形綱真正クモ目アワセグモ科の蜘蛛。

[215] 襀

襀翅 かわげら
昆虫綱襀翅目カワゲラ科。別名ナミカワゲラ。体長雄20mm、雌25mm。〔分布〕北海道、本州、四国、九州。

網目襀翅 あみめかわげら
大鞍掛襀翅 おおくらかけかわげら
大目二目襀翅 おおめふたつめかわげら
無尾襀翅 おなしかわげら
昆虫綱カワゲラ目のオナシカワゲラ科Nemouridaeの昆虫の総称。
黒鬚襀翅 くろひげかわげら
雪渓襀翅 せっけいかわげら
十和田襀翅 とわだかわげら
乃木襀翅 のぎかわげら
姫網目襀翅 ひめあみめかわげら

姫大山襀翅　ひめおおやまかわげら
双棘黒襀翅　ふたとげくろかわげら
前黄二目襀翅　まえきふたつめかわげら
擬緑襀翅　みどりかわげらもどき
紋襀翅　もんかわげら
大和擬網目襀翅　やまとあみめかわげらもどき
大和襀翅　やまとかわげら
大和矮緑襀翅　やまとちびみどりかわげら
大和広翅網目襀翅　やまとひろばあみめかわげら
大和二目襀翅　やまとふたつめかわげら

部首7画《角部》

［216］角

⁴角太尖木虱
ひげぶととがりきじらみ
昆虫綱半翅目キジラミ科。〔分布〕本州、九州。

角太歩行虫
ひげぶとおさむし
昆虫綱甲虫目ヒゲブトオサムシ科Paussidaeに属する昆虫の総称。

角太隠翅虫
ひげぶとはねかくし
昆虫綱甲虫目ハネカクシ科の甲虫。体長5.0～9.0mm。〔分布〕本州、九州。

⁵角叩頭虫
ひげこめつき
昆虫綱甲虫目コメツキムシ科の甲虫。体長24～30mm。〔分布〕北海道、本州、四国、九州、対馬、屋久島、奄美大島、沖縄本島、伊豆諸島。

¹¹角亀虫　つのかめむし
昆虫綱半翅目異翅亜目ツノカメムシ科Acanthosomatidaeに含まれる昆虫の総称。

赤姫角亀虫　あかひめつのかめむし
蝦夷角亀虫　えぞつのかめむし
大角亀虫　おおつのかめむし
背赤角亀虫　せあかつのかめむし
棘角亀虫　とげつのかめむし
鋏角亀虫　はさみつのかめむし
姫角亀虫　ひめつのかめむし
姫鋏角亀虫　ひめはさみつのかめむし
太鋏角亀虫　ふとはさみつのかめむし
紋黄角亀虫　もんきつのかめむし

角巣流揺蚊
かくすながれゆすりか
昆虫綱双翅目ユスリカ科。

¹⁴角蜻蛉　つのとんぼ
昆虫綱脈翅目ツノトンボ科。開張63～75mm。〔分布〕本州、四国、九州。

大長角蜻蛉　おおつのとんぼ
黄翅角蜻蛉　きばねつのと

豕部(象)

んぼ

部首7画 《豕部》

[217] 象

象鼻虫[14] ぞうはなむし
〔季語〕夏。ゾウムシ科の虫で、黒褐色または赤褐色の2、3mmの小さな虫で、米につく害虫。

象鼻虫 ぞうむし
昆虫綱甲虫目ゾウムシ科 Curculionidaeの昆虫の総称。〔季語〕夏。

脚長鬼象鼻虫　あしながおにぞうむし

小豆象鼻虫　あずきぞうむし

擬蟻象鼻虫　ありもどきぞうむし

猪頭豆象鼻虫　いくびまめぞうむし

苺花象鼻虫　いちごはなぞうむし

稲象鼻虫　いねぞうむし

稲水象鼻虫　いねみずぞうむし

芋象鼻虫　いもぞうむし

淡紋筒鬚長象鼻虫　うすもんつつひげながぞうむし

荏胡鷸象鼻虫　えごしぎぞうむし
　昆虫綱甲虫目ゾウムシ科の甲虫。体長5.5〜7.0mm。〔分布〕本州、四国、九州。

蝦夷姫象鼻虫　えぞひめぞうむし

豌豆象鼻虫　えんどうぞうむし

大青象鼻虫　おおあおぞうむし

大口隠象鼻虫　おおくちかくしぞうむし

大久保箙象鼻虫　おおくぼさざらぞうむし

大白帯象鼻虫　おおしろおびぞうむし

大象鼻虫　おおぞうむし

岡田鋸象鼻虫　おかだのこぎりぞうむし

帯紋瓢箪象鼻虫　おびもんひょうたんぞうむし

顔白鬚長象鼻虫　かおじろひげながぞうむし

柏口太象鼻虫　かしわくちぶとぞうむし

鰹象鼻虫　かつおぞうむし

栗鷸象鼻虫　くりしぎぞうむし

黒帯鬚長象鼻虫　くろおびひげながぞうむし

黒黄星象鼻虫　くろきぼしぞうむし

黒瘤象鼻虫　くろこぶぞうむし

黒斑鬚長象鼻虫　くろふひげながぞうむし

粉吹象鼻虫　こふきぞうむし

瘤鬚細象鼻虫　こぶひげぼそぞうむし

皂莢豆象鼻虫　さいかちまめぞうむし

錆鋸象鼻虫　さびのこぎりぞうむし

武士豆象鼻虫　さむらいまめぞうむし

白雲牛蒡象鼻虫　しらくもごぼうぞうむし

白瘤象鼻虫　しろこぶぞうむし

蚕豆象鼻虫　そらまめぞうむし
球介殻鬚長象鼻虫　たまかいがらひげながぞうむし
茶斑鬚長象鼻虫　ちゃまだらひげながぞうむし
筒象鼻虫　つつぞうむし
十星長象鼻虫　とほしおさぞうむし
翅条鰹象鼻虫　はすじかつおぞうむし
薄荷姫象鼻虫　はっかひめぞうむし
腹黒鋸象鼻虫　はらぐろのこぎりぞうむし
二黄星象鼻虫　ふたきぼしぞうむし
細三錐象鼻虫　ほそみつぎりぞうむし
斑脚象鼻虫　まだらあしぞうむし
斑太鬚長象鼻虫　まだらふとひげながぞうむし
斑目隠象鼻虫　まだらめかくしぞうむし
松孔開象鼻虫　まつあなあきぞうむし
松黄星象鼻虫　まつきぼしぞうむし
松白星象鼻虫　まつしらほしぞうむし
松飛象鼻虫　まつとびぞうむし
豆細口象鼻虫　まめほそくちぞうむし
円瓢箪象鼻虫　まるひょうたんぞうむし
三錐象鼻虫　みつぎりぞうむし
紋矮象鼻虫　もんちびぞうむし

野菜象鼻虫　やさいぞうむし
柳尾白象鼻虫　やなぎしりじろぞうむし
湯浅花象鼻虫　ゆあさはなぞうむし
林檎花象鼻虫　りんごはなぞうむし
林檎鬚長象鼻虫　りんごひげながぞうむし

部首7画《赤部》

〔218〕赤

[4]赤毛装蚊
あかけよそいか

昆虫綱ハエ目ケヨソイカ科。〔分布〕本州、四国。

[7]赤条鐫花娘子
あかすじちゅうれんじ

昆虫綱膜翅目ミフシハバチ科。体長8mm。バラ類に害を及ぼす。〔分布〕九州以北の日本各地。

[8]赤卒
あかやんま，あかえんば

〔季語〕秋。主として秋にみられる体の赤いトンボ。

[11]赤脚円形塵芥虫
あかあしまるがたごもくむし

昆虫綱甲虫目オサムシ科の甲虫。体長6〜8mm。〔分布〕北海道、本州、四国、九州。

[13] 赤楊木虱
はんのきじらみ
昆虫綱半翅目キジラミ科。〔分布〕北海道。

赤楊木喰虫
はんのききくいむし
昆虫綱甲虫目キクイムシ科の甲虫。体長2mm。林檎、葡萄、栗、桑、茶、柿、梅、アンズ、桃、スモモに害を及ぼす。〔分布〕日本各地。

赤楊毛虫寄生蠅
ぶらんこやどりばえ
昆虫綱双翅目ヤドリバエ科。体長8〜15mm。〔分布〕日本全土。

[14] 赤銅猿葉虫
あかがねさるはむし
昆虫綱甲虫目ハムシ科サルハムシ亜科の甲虫。体長7mm。葡萄に害を及ぼす。〔分布〕北海道、本州、四国、九州、南西諸島。

[16] 赤頸干鰯虫
あかくびほしかむし
昆虫綱甲虫目カッコウムシ科の甲虫。体長4〜6mm。

[17] 赤擬長吻虻
あかつりあぶもどき
昆虫綱双翅目ツリアブモドキ科。〔分布〕九州。

部首7画《走部》

〔219〕越

[6] 越年蜻蛉
おつねんとんぼ
昆虫綱蜻蛉目アオイトトンボ科の蜻蛉。体長35mm。〔分布〕北海道、本州、四国、九州。

越年蝶
おつねんちょう
〔季語〕冬。紋黄蝶が早春いち早くあらわれるためにつけられた名前。

部首7画《足部》

〔220〕跳

[3] 跳小蜂　とびこばち
節足動物門昆虫綱膜翅目トビコバチ科Encyrtidaeの昆虫の総称。

[6] 跳虫　とびむし
昆虫綱無翅類トビムシ目Collembolaに属する昆虫の総称。

- **大青疣跳虫**　おおあおいぼとびむし
- **黄星青疣跳虫**　きぼしあおいぼとびむし
- **黄星円跳虫**　きぼしまるとびむし
- **黒擬跳虫**　くろとびむしもどき
- **黒円跳虫**　くろまるとびむし
- **縞円跳虫**　しままるとびむし

足部（路）車部（軍, 轡）辵部（逆, 通, 透）

東亜鬚長跳虫　とうあひげながとびむし
偽節跳虫　にせふしとびむし
浜跳虫　はまとびむし
姫棘跳虫　ひめとげとびむし
姫紫跳虫　ひめむらさきとびむし
丸跳虫　まるとびむし
水跳虫　みずとびむし
水節跳虫　みずふしとびむし
水円跳虫　みずまるとびむし
緑跳虫　みどりとびむし
安松疣跳虫　やすまついぼとびむし

〔221〕路

¹¹路教　みちおしえ
昆虫綱甲虫目ハンミョウ科のハンミョウとその類似種に対する総称。

部首7画《車部》

〔222〕軍

¹⁰軍配虫　ぐんばいむし
昆虫綱蜻蛉目モノサシトンボ科の蜻蛉。体長35mm。〔分布〕本州（関東以西）、四国、九州。

躑躅軍配虫　つつじぐんばい
昆虫綱半翅目グンバイムシ科。体長3.5〜4.0mm。ツツジ類に害を及ぼす。〔分布〕北海道、本州、四国、九州、南西諸島。

〔223〕轡

⁶轡虫　くつわむし
昆虫綱直翅目キリギリス科。別名ガチャガチャ。体長50〜53mm。〔分布〕本州（福島県以南）、四国、九州、対馬。〔季語〕秋。

部首7画《辵部》

〔224〕逆

²逆八蝶　さかはちちょう
昆虫綱鱗翅目タテハチョウ科ヒオドシチョウ亜科の蝶。前翅長20〜23mm。〔分布〕北海道、本州、四国、九州。〔季語〕春。

〔225〕通

⁹通草木葉　あけびこのは
昆虫綱鱗翅目ヤガ科クチバ亜科の蛾。開張95〜100mm。ナス科野菜、柿、ナシ類、桃、スモモ、葡萄、柑橘に害を及ぼす。〔分布〕沿海州、日本、中国、台湾、インド。

通草棍棒葉蜂　あけびこんぼうはばち
昆虫綱膜翅目コンボウハバチ科。〔分布〕本州、四国、九州。

〔226〕透

¹⁰透翅　すかしば
昆虫綱鱗翅目スカシバガ科の蛾。

走部（避）邑部（邯）酉部（酸）里部（野）

樫小透翅　かしこすかしば

透翅羽衣
　すけばはごろも
昆虫綱半翅目ハゴロモ科。体長5〜6mm。桑、桜桃に害を及ぼす。〔分布〕本州、四国、九州、朝鮮半島、中国。

透翅蜂雀
　すきばほうじゃく
昆虫綱鱗翅目スズメガ科オオスカシバ亜科の蛾。翅に透きとおった斑紋がある。開張4〜6mm。〔分布〕カナダや合衆国。

[12]透斑　すかしまだら
昆虫綱鱗翅目マダラチョウ科の蝶。別名スカシアサギマダラ。〔分布〕フィリピン。

[17]透擬挙尾虫
　すかししりあげもどき
昆虫綱長翅目シリアゲムシ科。前翅長14〜18mm。〔分布〕本州、四国、九州。

[227] 避

[4]避日虫　ひよけむし
節足動物門クモ形綱避日目Solifugaeの陸生動物の総称。

部首7画《邑部》

[228] 邯

[15]邯鄲　かんたん
昆虫綱直翅目コオロギ科。体長11〜20mm。〔分布〕北海道、本州、四国、九州、対馬、奄美諸島。〔季語〕秋。からだは淡黄色またはかすかに緑色を帯びた黄色で美しい。

部首7画《酉部》

[229] 酸

[15]酸漿亀虫
　ほおずきかめむし
昆虫綱半翅目ヘリカメムシ科。体長10〜13.5mm。朝顔、サツマイモ、ナス科野菜、タバコに害を及ぼす。〔分布〕本州、四国、九州、南西諸島。

部首7画《里部》

[230] 野

[9]野茶穿孔虫
　ひさかきのきくいむし
昆虫綱甲虫目キクイムシ科の甲虫。体長2.5〜2.7mm。〔分布〕四国、九州。

部首8画《金部》

[231] 金

³金上翅　きんうわば
昆虫綱鱗翅目ヤガ科のキンウワバ亜科の昆虫の総称。

⁷金花虫　たまむし
〔季語〕夏。3cmぐらいの甲虫目タマムシ科の昆虫で、美しい。

金花虫　はむし
昆虫綱甲虫目ハムシ科Chrysomelidaeの昆虫の総称。

- 一文字金花虫　いちもんじはむし
- 稲根喰金花虫　いねねくいはむし
- 芋猿金花虫　いもさるはむし
- 瓜金花虫　うりはむし
- 大瑠璃金花虫　おおるりはむし
- 肩広金花虫　かたびろはむし
- 亀子金花虫　かめのこはむし
- 黄頸青金花虫　きくびあおはむし
- 黄条蚤金花虫　きすじのみはむし
- 胡桃金花虫　くるみはむし
- 桑金花虫　くわはむし
- 瘤金花虫　こぶはむし
- 小八星猿金花虫　こやつぼしつつはむし
- 猿金花虫　さるはむし
- 珊瑚樹金花虫　さんごじゅはむし
- 陣笠金花虫　じんがさはむし
- 透翅陣笠金花虫　すきばじんがさはむし
- 大根金花虫　だいこんはむし
- 茶色猿金花虫　ちゃいろさるはむし
- 鳶猿金花虫　とびさるはむし
- 白楊金花虫　どろのきはむし
- 蚤金花虫　のみはむし
- 薄荷金花虫　はっかはむし
- 偽金花虫　はむしだまし
- 薔薇瑠璃筒金花虫　ばらるりつつはむし
- 姫亀子金花虫　ひめかめのこはむし
- 姫黄翅猿金花虫　ひめきばねさるはむし
- 藤金花虫　ふじはむし
- 二星大蚤金花虫　ふたほしおおのみはむし
- 蛍金花虫　ほたるはむし
- 虫糞金花虫　むしくそはむし
- 胸赤猿金花虫　むねあかさるはむし
- 柳金花虫　やなぎはむし
- 薯蕷金花虫　やまいもはむし
- 艾金花虫　よもぎはむし
- 林檎粉吹金花虫　りんごこふきはむし

¹⁰金亀　かなぶん
昆虫綱甲虫目コガネムシ科ハナムグリ亜科の甲虫。体長23〜29mm。ナシ類、桃、スモモ、無花果に害を及ぼす。〔分布〕本州、四国、九州、対馬、屋久島。

銅金亀々　どうがねぶいぶい
昆虫綱甲虫目コガネムシ科の甲虫。体長18〜24mm。イリス類に害を及ぼす。〔分布〕北海道、本州、四国、九州、対馬。

金部（鉄, 鉤）

11 金亀子　こがねむし
昆虫綱甲虫目コガネムシ科の甲虫。体長17〜23mm。バラ類、柿に害を及ぼす。〔分布〕北海道、本州、四国、九州。〔季語〕夏。かなぶんの別称。

赤斑雪隠金亀子　あかまだらせんちこがね
脚長金亀子　あしながこがね
淡色馬糞金亀子　うすいろまぐそこがね
大条金亀子　おおすじこがね
大虎斑金亀子　おおとらふこがね
大二星馬糞金亀子　おおふたほしまぐそこがね
大馬糞金亀子　おおまぐそこがね
角円閻魔金亀子　かどまるえんまこがね
金線金亀子　きんすじこがね
黒金亀子　くろこがね
黒円閻魔金亀子　くろまるえんまこがね
粉吹金亀子　こふきこがね
瘤円閻魔金亀子　こぶまるえんまこがね
小馬糞金亀子　こまぐそこがね
桜金亀子　さくらこがね
白条金亀子　しろすじこがね
背斑馬糞金亀子　せまだらまぐそこがね
雪隠金亀子　せんちこがね
大黒金亀子　だいこくこがね
球押金亀子　たまおしこがね
朝鮮縞天鷲絨金亀子　ちょうせんしまびろうどこがね
角金亀子　つのこがね
手長金亀子　てながこがね
偽馬糞金亀子　にせまぐそこがね
鬚金亀子虫　ひげこがね
姫金亀子虫　ひめこがね
姫天鷲絨金亀子　ひめびろうどこがね
扁青金亀子　ひらたあおこがね
縁毛馬糞金亀子　ふちけまぐそこがね
馬糞金亀子　まぐそこがね
豆金亀子　まめこがね
円瘤条金亀子　まるこぶすじこがね
胸赤雪隠金亀子　むねあかせんちこがね
山原手長金亀子　やんばるてながこがね

12 金雲雀　きんひばり
昆虫綱直翅目コオロギ科の蟋蟀の仲間。体長5〜8mm。〔分布〕本州（関東以西）、四国、九州、奄美諸島、沖縄諸島。〔季語〕秋。

〔232〕鉄

15 鉄漿蜻蛉　おはぐろとんぼ
〔季語〕夏。川蜻蛉の一種。

〔233〕鉤

6 鉤羽蛾　かぎばが
昆虫綱鱗翅目カギバガ科 Drepanidaeのガ類の総称。

[234] 銀

銀蜘蛛　しろかねぐも
節足動物門クモ形綱真正クモ目アシナガグモ科のシロカネグモ属の総称。
- 大銀蜘蛛　おおしろかねぐも

[235] 銅

銅天牛　あかがねかみきり
昆虫綱甲虫目カミキリムシ科フトカミキリ亜科の甲虫。体長9〜12mm。〔分布〕北海道、本州。

銅夜盗蛾　あかがねよとう
昆虫綱鱗翅目ヤガ科カラスヨトウ亜科の蛾。開張27〜33mm。アブラナ科野菜に害を及ぼす。〔分布〕ユーラシア、北海道から九州、対馬。

銅金蚉々　どうがねぶいぶい
昆虫綱甲虫目コガネムシ科の甲虫。体長18〜24mm。イリス類に害を及ぼす。〔分布〕北海道、本州、四国、九州、対馬。

銅青芥虫　あかがねあおごみむし
昆虫綱甲虫目オサムシ科の甲虫。体長14〜14.5mm。〔分布〕本州、九州。

[236] 鍬

鍬形　くわがた
クワガタムシ科の昆虫類をさす一般的な名称。
- 大鍬形虫　おおくわがた
- 鬼鍬形虫　おにくわがた
- 鍬形虫　くわがたむし
  昆虫綱甲虫目クワガタムシ科Lucanidaeに属する昆虫の総称。〔季語〕夏。
- 擬鍬形　くわがたもどき
- 小鍬形虫　こくわがた
- 矮鍬形虫　ちびくわがた
- 根太鍬形虫　ねぶとくわがた
- 鋸鍬形虫　のこぎりくわがた
- 斑鍬形虫　まだらくわがた
- 深山鍬形虫　みやまくわがた
- 瑠璃鍬形虫　るりくわがた

部首8画《長部》

[237] 長

長心喰虫　ながしんくい
昆虫綱甲虫目ナガシンクイムシ科Bostrichidaeの昆虫の総称。
- 粉長心喰虫　こなながしんくい
- 矮竹長心喰虫　ちびたけながしんくい

長朽木虫　ながくちきむし
昆虫綱甲虫目ナガクチキムシ科Melandryidaeの昆虫の総称。

青帯長朽木虫　あおおびながくちきむし
青翅長朽木虫　あおばながくちきむし
綾紋姫長朽木虫　あやもんひめながくちきむし
黄条長朽木虫　きすじながくちきむし
首隠長朽木虫　くびかくしながくちきむし
背赤長朽木虫　せあかながくちきむし
棘胸筒長朽木虫　とげむねつつながくちきむし
姫米搗形長朽木虫　ひめこめつきがたながくちきむし
六紋長朽木虫　むつもんながくちきむし
紋黄長朽木虫　もんきながくちきむし

長吻虻　つりあぶ [7]

昆虫綱双翅目短角亜目アブ群ツリアブ科Bombyliidaeの昆虫の総称。

赤擬長吻虻　あかつりあぶもどき
黒翅長吻虻　くろばねつりあぶ
鈴木腹細長吻虻　すずきはらぼそつりあぶ
新渡戸腹細長吻虻　にとべはらぼそつりあぶ

長亀虫　ながかめむし [11]

昆虫綱半翅目ナガカメムシ科に属する昆虫の総称。

赤縁長亀虫　あかへりながかめむし
大眼高長亀虫　おおめだかながかめむし
大紋白長亀虫　おおもんしろながかめむし
黒長亀虫　くろながかめむし
小翅瓢簞長亀虫　こばねひょうたんながかめむし
十字長亀虫　じゅうじながかめむし
背条長亀虫　せすじながかめむし
茶紋長亀虫　ちゃもんながかめむし
角小翅長亀虫　つのこばねながかめむし
鬚長亀虫　ひげながかめむし
姫小翅長亀虫　ひめこばねながかめむし
姫長亀虫　ひめながかめむし
姫扁長亀虫　ひめひらたながかめむし
姫斑長亀虫　ひめまだらながかめむし
瓢簞長亀虫　ひょうたんながかめむし
扁長亀虫　ひらたながかめむし
細長亀虫　ほそながかめむし
眼高長亀虫　めだかながかめむし

長椿象　ながかめむし [13]

昆虫綱半翅目異翅亜目ナガカメムシ科Lygaeidaeの昆虫の総称。

頸長椿象　くびながかめむし

部首8画《阜部》

[238] 陸

陸団子虫 [6] おかだんごむし

甲殻綱等脚目オカダンゴムシ科の陸生の甲殻類。別名ダンゴムシ。宅地、花壇、畑などの朽木、枯葉や石の下など、陰になった湿気のあるところにすみ、触れたりすると、体を完全な球状にまるめる。体長10〜15mm。ウリ科野菜、ナス科野菜、苺、タバコ、サボテン類、大豆、アブラナ科野菜に害を及ぼす。〔分布〕世界各地。

陸物洗貝 [8] おかものあらがい

軟体動物門腹足綱オカモノアラガイ科の巻き貝。貝殻の高さ25mm。キク科野菜、ユリ科野菜、アブラナ科野菜、ウリ科野菜、ヤマノイモ類、シソに害を及ぼす。〔分布〕北海道、本州(中部以北)、サハリン。

[239] 隠

隠翅虫 [10] はねかくし

昆虫綱甲虫目ハネカクシ科Staphylinidaeの昆虫の総称。

青翅蟻形隠翅虫　あおばありがたはねかくし
赤蟻巣隠翅虫　あかありのすはねかくし
赤海辺隠翅虫　あかうみべはねかくし
赤翅大牙隠翅虫　あかばおおきばはねかくし
赤翅頸太隠翅虫　あかばくびぶとはねかくし
赤翅長隠翅虫　あかばながはねかくし
赤翅隠翅虫　あかばはねかくし
赤翅細隠翅虫　あかばほそはねかくし
脚黒蟻形隠翅虫　あしぐろありがたはねかくし
脚斑目高隠翅虫　あしまだらめだかはねかくし
痘痕海辺隠翅虫　あばたうみべはねかくし
痘痕小翅隠翅虫　あばたこばねはねかくし
蟻形隠翅虫　ありがたはねかくし
海辺赤翅隠翅虫　うみべあかばはねかくし
蝦夷蟻形隠翅虫　えぞありがたはねかくし
海老茶頸長隠翅虫　えびちゃくびながはねかくし
大赤翅小頭隠翅虫　おおあかばこがしらはねかくし
大赤翅隠翅虫　おおあかばはねかくし
大薄翅隠翅虫　おおうすばはねかくし
大黄翅長隠翅虫　おおきばねながはねかくし
大牙隠翅虫　おおきばはねかくし
大隠翅虫　おおはねかくし
大扁隠翅虫　おおひらたはねかくし
角小頭隠翅虫　かくこがしらはねかくし
肩紋隠翅虫　かたもんはねか

阜部（隠）

	くし
唐金隠翅虫　からかねはねかくし	背条矮隠翅虫　せすじちびはねかくし
黄翅背条隠翅虫　きばねせすじはねかくし	背溝扁隠翅虫　せみぞひらたはねかくし
黄翅長隠翅虫　きばねながはねかくし	背溝四眼隠翅虫　せみぞよつめはねかくし
黄縁円頭隠翅虫　きべりまるくびはねかくし	大名隠翅虫　だいみょうはねかくし
黒大牙隠翅虫　くろおおきばはねかくし	矮細隠翅虫　ちびほそはねかくし
黒肩細隠翅虫　くろかたほそはねかくし	角太筒隠翅虫　つのふとつつはねかくし
黒小頭隠翅虫　くろこがしらはねかくし	褄黒赤翅隠翅虫　つまぐろあかばはねかくし
黒頭尻細隠翅虫　くろずしりほそはねかくし	鳶色背条隠翅虫　とびいろせすじはねかくし
黒背溝隠翅虫　くろせみぞはねかくし	中赤角太隠翅虫　なかあかひげぶとはねかくし
黒艶隠翅虫　くろつやはねかくし	長崎四眼隠翅虫　ながさきよつめはねかくし
黒翅蟻形隠翅虫　くろばねありがたはねかくし	並櫛角隠翅虫　なみくしひげはねかくし
小櫛角隠翅虫　こくしひげはねかくし	灰色隠翅虫　はいいろはねかくし
小黒角太隠翅虫　こくろひげぶとはねかくし	腹広隠翅虫　はらびろはねかくし
小黒目高隠翅虫　こくろめだかはねかくし	角太隠翅虫　ひげぶとはねかくし
小翅長隠翅虫　こばねながはねかくし	姫尻黒隠翅虫　ひめしりぐろはねかくし
小円頭隠翅虫　こまるずはねかくし	扁隠翅虫　ひらたはねかくし
先赤翅長隠翅虫　さきあかばながはねかくし	二星尻黒隠翅虫　ふたほしりぐろはねかくし
先赤触角太隠翅虫　さきあかひげぶとはねかくし	太筒隠翅虫　ふとつつはねかくし
錆隠翅虫　さびはねかくし	細二星目高隠翅虫　ほそふたほしめだかはねかくし
頭黒目高隠翅虫　ずぐろめだかはねかくし	胸広隠翅虫　むなびろはねかくし
頭円隠翅虫　ずまるはねか	胸条小頭隠翅虫　むねすじこ

がしらはねかくし
紋黒蟻巣隠翅虫　もんくろありのすはねかくし
大和大目隠翅虫　やまとおおめはねかくし
大和円首隠翅虫　やまとまるくびはねかくし
瑠璃小頭隠翅虫　るりこがしらはねかくし

部首8画《隹部》

〔240〕雀

[13] 雀蛾　すずめが
昆虫綱鱗翅目スズメガ科Spihingidaeの昆虫の総称。〔季語〕夏。

霜降雀蛾　しもふりすずめ
昆虫綱鱗翅目スズメガ科メンガタスズメ亜科の蛾。開張110〜130mm。ゴマ、木犀類に害を及ぼす。〔分布〕本州（東北地方北部より）、四国、九州、対馬、屋久島、吐噶喇列島、奄美大島、沖縄本島、宮古島、石垣島、西表島、与那国島、朝鮮半島、中国東部。

〔241〕雄

[11] 雄黒巴蛾　おすぐろともえ
昆虫綱鱗翅目ヤガ科シタバガ亜科の蛾。開張57〜72mm。〔分布〕本州、四国、九州、対馬、伊豆諸島、新島。

部首8画《雨部》

〔242〕雲

[5] 雲母虫　きららむし
〔季語〕夏。紙魚の別称。

部首8画《青部》

〔243〕青

[4] 青尺蛾　あおさなえ
昆虫綱蜻蛉目サナエトンボ科の蜻蛉。体長55mm。〔分布〕本州、四国、九州。

[13] 青蜂　せいぼう
節足動物門昆虫綱膜翅目セイボウ科Chrysididaeの昆虫の総称。

刺蛾五歯青蜂　いらがいつつばせいぼう
大青蜂　おおせいぼう
四歯小青蜂　よつばこせいぼう

[14] 青銅蜻蛉　からかねとんぼ
昆虫綱蜻蛉目エゾトンボ科の蜻蛉。体長48mm。〔分布〕北海道と本州中部までの山岳地帯。

部首9画《面部》

[244] 面

面皰壁蝨 にきびだに
蛛形綱ダニ目ニキビダニ科のダニ。別名毛包虫。人の皮膚の毛包に寄生する。体長0.3mm。

部首9画《頁部》

[245] 額

額高穴蜂 ぬかだかあなばち
昆虫綱膜翅目ジガバチ科。〔分布〕本州。

部首9画《飛部》

[246] 飛

飛虫 とびむし
昆虫綱無翅類トビムシ目Collembolaに属する昆虫の総称。

飛蛄 とびけら
昆虫綱トビケラ目の昆虫の総称。

飛螻 とびけら
昆虫綱トビケラ目の昆虫の総称。
　青鬚長飛螻　あおひげながとびけら
　脚枝飛螻　あしえだとびけら
　網目飛螻　あみめとびけら
　薄翅黄飛螻　うすばきとびけら
　刳飛螻　えぐりとびけら
　大流飛螻　おおながれとびけら
　絣細翅飛螻　かすりほそばとびけら
　樺太胡麻斑飛螻　からふとごまふとびけら
　北上飛螻　きたがみとびけら
　岐阜縞飛螻　ぎふしまとびけら
　黄斑縞飛螻　きまだらしまとびけら
　黒脚枝飛螻　くろあしえだとびけら
　黒筒飛螻　くろつつとびけら
　小角筒飛螻　こかくつつとびけら
　小形縞飛螻　こがたしまとびけら
　胡麻斑鬚長飛螻　ごまだらひげながとびけら
　胡麻斑飛螻　ごまふとびけら
　縞飛螻　しまとびけら
　白斑艶飛螻　しろふつやとびけら
　深底飛螻　しんていとびけら
　条飛螻　すじとびけら
　背黒飛螻　せぐろとびけら
　茶翅鬚長河飛螻　ちゃばねひげながかわとびけら
　褄黒飛螻　つまぐろとびけら
　棘持鬚長飛螻　とげもちひげながとびけら
　鳶色飛螻　とびいろとびけら
　流飛螻　ながれとびけら
　　昆虫綱トビケラ目ナガレトビケラ科に属する昆虫の総称。
　人形飛螻　にんぎょうとび

けら
　鬚長河飛螻蛄　ひげながかわとびけら
　蛍飛螻蛄　ほたるとびけら
　円翅飛螻蛄　まるばねとびけら
　丸翅飛螻蛄　まるばねとびけら
　紫飛螻蛄　むらさきとびけら
　四目飛螻蛄　よつめとびけら

飛螻蛄　とびけら
昆虫綱トビケラ目の昆虫の総称。
　毛飛螻蛄　けとびけら

[19] 飛蟻　はあり
〔季語〕夏。初めて羽化したアリの成虫。

部首9画《食部》

〔247〕食

[6] 食虫虻　むしひきあぶ
昆虫綱双翅目短角亜目アブ群ムシヒキアブ科Asilidaeの総称。
　飴色細食虫虻　あめいろほそむしひき
　先黒食虫虻　さきぐろむしひき
　白頭姫食虫虻　しろずひめむしひき
　褄黒鬚細食虫虻　つまぐろひげぼそむしひき
　虎斑食虫虻　とらふむしひき
　腹細食虫虻　はらほそむしひき
　鬚長食虫虻　ひげながむしひき
　曲毛食虫虻　まがりけむし　ひき
　箕面細食虫虻　みのもほそむしひき

[10] 食蚜蠅　しょくがばえ
昆虫綱双翅目アブバエ科のハエ類のうち、幼虫がアブラムシ（アリマキ）やカイガラムシを捕食するグループをいう。

〔248〕飴

[7] 飴坊　あめんぼ
昆虫綱半翅目アメンボ科の総称、またはその一種名。

部首9画《首部》

〔249〕首

[8] 首長塵芥虫　くびながごもくむし
昆虫綱甲虫目オサムシ科の甲虫。体長8mm。〔分布〕本州、四国、九州。

首長樹蜂　くびながきばち
昆虫綱膜翅目広腰亜目クビナガキバチ科の昆虫の総称。
　赤脚首長樹蜂　あかあしくびながきばち

馬部（馬）髟部（髪，鬚）

部首10画《馬部》

[250] 馬

³馬大頭　おにやんま
昆虫綱蜻蛉目オニヤンマ科の蜻蛉。体長雄85～100mm、雌95～105mm。〔分布〕北海道から南西諸島。〔季語〕秋。

¹¹馬蚿　やすで
節足動物に属する細長い動物。頭と胴から成り、胴は多数の環節からなり、一節ごとに二対の足がついている。節足動物門倍脚綱Diplopodaの陸生動物の総称。〔季語〕夏。

馬陸　やすで
節足動物に属する細長い動物。頭と胴から成り、胴は多数の環節からなり、一節ごとに二対の足がついている。節足動物門倍脚綱Diplopodaの陸生動物の総称。〔季語〕夏。

赤馬陸　あかやすで
〔季語〕夏。ヤスデの一種。

帯馬陸　おびやすで
節足動物門倍脚綱オビヤスデ目オビヤスデ科およびオビヤスデ属の陸生動物の総称。

白馬陸　しろやすで
〔季語〕夏。ヤスデの一種。

球馬陸　たまやすで
〔季語〕夏。ヤスデの一種。

績馬陸　つむぎやすで

鳶馬陸　とびやすで
〔季語〕夏。ヤスデの一種。

姫馬陸　ひめやすで
節足動物門倍脚綱ヒメヤスデ目Juliformiaのヤスデ類の総称。

扁馬陸　ひらたやすで
節足動物門倍脚綱ヒラタヤスデ科Platydesmidaeの陸生動物の総称。

総馬陸　ふさやすで
節足動物門倍脚綱フサヤスデ科Polyxenidaeに属する陸生動物の総称。

焦馬陸　やけやすで

擬馬陸　やすでもどき

竜河馬陸　りゅうがやすで

部首10画《髟部》

[251] 髪

⁴髪切虫　かみきりむし
昆虫綱甲虫目カミキリムシ科Cerambycidaeに属する昆虫の総称。

[252] 鬚

⁷鬚尾太大蚊　ひげしりぶとががんぼ
昆虫綱双翅目ガガンボ科。〔分布〕本州。

⁸鬚長飛螻　ひげながとびけら
昆虫綱毛翅目ヒゲナガトビケラ科。

青鬚長飛螻　あおひげながとびけら

胡麻斑鬚長飛螻　ごまだらひげながとびけら

棘持鬚長飛螻　とげもちひげながとびけら

部首10画《鬼部》

[253] 鬼

[14] 鬼蜻蜓　おにやんま
トンボ目オニヤンマ科オニヤンマ亜科オニヤンマ属の蜻蛉。体長34.1〜39.7mm。〔分布〕日本および台湾。

小鬼蜻蜓　こおにやんま

部首11画《魚部》

[254] 魚

[12] 魚蛭　うおびる
環形動物門ヒル綱吻ビル目ウオビル科の海産動物。〔分布〕東北地方以北。

[255] 鯱

[14] 鯱鉾蛾　しゃちほこが
昆虫綱鱗翅目シャチホコガ科シャチホコガ亜科の蛾。灰褐色で、前翅が細長く、後翅は小さくて丸い。開張5.5〜7.0mm。桜桃、ナシ類、林檎、栗、楓（紅葉）、桜類、梅、アンズに害を及ぼす。〔分布〕ヨーロッパから温帯アジア、日本。

部首11画《鳥部》

[256] 鳳

[11] 鳳雀蛾　ほうじゃく
昆虫綱鱗翅目スズメガ科ホウジャク亜科の蛾。前翅は灰褐色で、黒色の線がある。開張4〜5mm。〔分布〕ヨーロッパやアフリカ北部原産、アジアから日本。

黒透翅鳳雀蛾　くろすきばほうじゃく
黒鳳雀蛾　くろほうじゃく
姫黒鳳雀蛾　ひめくろほうじゃく
星鳳雀蛾　ほしほうじゃく

[15] 鳳蝶　あげはちょう
昆虫綱鱗翅目アゲハチョウ科の総称、または同科に属するナミアゲハの別名。〔季語〕春、夏。

擬鳳蝶　あげはもどき
昆虫綱鱗翅目アゲハモドキガ科の蛾。開張55〜60mm。〔分布〕北海道、本州、四国、九州、対馬、台湾、中国。

[257] 鴫

[9] 鴫虻　しぎあぶ
昆虫綱双翅目短角亜目アブ群シギアブ科Rhagionidaeの昆虫の総称。

[12] 鴫象虫　しぎぞうむし
昆虫綱甲虫目ゾウムシ科の一属Curculioの昆虫の総称。

[258] 鶏

¹⁴鶏蜱　わくも
節足動物門クモ形綱ダニ目ワクモ科のダニ。別名ニワトリダニ。ニワトリに外部寄生する。体長0.7〜1.0mm。

[259] 鶩

⁸鶩長羽虱　あひるながはじらみ
昆虫綱食毛目チョウカクハジラミ科。体長雄2.5〜2.95mm、雌3.0〜3.6mm。

[260] 鷸

⁹鷸虻　しぎあぶ
昆虫綱双翅目短角亜目アブ群シギアブ科Rhagionidaeの昆虫の総称。
淡色鷸虻　うすいろしぎあぶ
黄脚金鷸虻　きあしきんしぎあぶ
黄色鷸虻　きいろしぎあぶ
薩摩紋鷸虻　さつまもんしぎあぶ
大和鷸虻　やまとしぎあぶ

¹²鷸象虫　しぎぞうむし
昆虫綱甲虫目ゾウムシ科の一属Curculioの昆虫の総称。
栗鷸象虫　くりしぎぞうむし
　昆虫綱甲虫目ゾウムシ科の甲虫。別名クリムシ。体長6〜10mm。栗に害を及ぼす。〔分布〕日本各地。

部首12画《黄部》

[261] 黄

⁶黄血真壁蜱　きちまだに
節足動物門クモ形綱ダニ目マダニ科チマダニ属の吸血性のダニ。体長2.0〜3.0mm。〔分布〕日本各地。

⁸黄金虫　こがねむし
昆虫綱甲虫目コガネムシ科の甲虫。体長17〜23mm。バラ類、柿に害を及ぼす。〔分布〕北海道、本州、四国、九州。〔季語〕夏。

部首12画《黒部》

[262] 黒

⁷黒芥子粒短截虫　くろけしつぶちょっきり
昆虫綱甲虫目オトシブミ科の甲虫。体長2.7〜3.0mm。バラ類、柘榴、百日紅、苺に害を及ぼす。〔分布〕本州、四国、九州。

⁹黒星天社蛾　くろてんしゃちほこ
昆虫綱鱗翅目シャチホコガ科ウチキシャチホコ亜科の蛾。開張48〜55mm。〔分布〕沿海州、北海道、本州、対馬。

黒縁野螟蛾 [15] くろへりのめいが
昆虫綱鱗翅目メイガ科ノメイガ亜科の蛾。開張25〜28mm。〔分布〕本州（東北地方南部より）、四国、九州、中国。

黒艶虫 [19] くろつやむし
昆虫綱甲虫目クロツヤムシ科 Passalidaeに属する昆虫の総称。

部首13画《鼓部》

〔263〕鼓

鼓虫 [6] まいまい
〔季語〕夏。ミズスマシのこと。

大鼓虫 おおみずすまし
〔季語〕夏。

太鼓虫 たいこむし
〔季語〕夏。

鼓豆虫 [7] みずすまし
昆虫綱甲虫目ミズスマシ科の甲虫。体長6.0〜7.5mm。〔分布〕北海道、本州、四国、九州。〔季語〕夏。

大鼓豆虫 おおみずすまし
尾長鼓豆虫 おながみずすまし

部首13画《鼠部》

〔264〕鼠

鼠姑 [8] わらじむし
節足動物門甲殻綱等脚目ワラジムシ科の陸上動物。体長11mm。

五十音順索引

本文に収録した昆虫名のよみを五十音順に収録し、掲載ページを示した。

【あ】

あいぬこめつきだまし ………… *3*
あおおさむし ………………… *32*
あおおびながくちきむし …… *28*, *73*
あおかみきりもどき …………… *12*
あおさなえ ………………… *20*, **76**
あおしゃく ……………………… *20*
あおじょうかい ………………… *35*
あおすじかみきり ……………… *12*
あおずむかで …………………… *54*
あおたてはもどき …………… *26*, *56*
あおばありがたはねかくし …… *74*
あおばしゃちほこ ……………… *15*
あおばせせり …………………… *24*
あおはだとんぼ ………………… *56*
あおばながくちきむし ……… *28*, *73*
あおひげながとびけら ……… *77*, *79*
あおむしさむらいこまゆばち … *20*
あおやんま …………………… *58*
あかあしおおくしこめつき …… *7*
あかあしくびながきばち ……… *78*
あかあしぶとこばち …………… *46*
あかあしまるがたごもくむし … **66**
あかありのすはねかくし ……… *74*
あかうみべはねかくし ………… *74*
あかえんば ………………… **42**, **66**
あかがねあおごみむし ………… **72**
あかがねかみきり …………… *12*, **72**
あかがねさるはむし …………… **67**
あかがねよとう ………………… **72**
あかくびほしかむし …………… **67**
あかけよそいか ………………… **66**
あかざもぐりはなばえ ………… **51**
あかしじみ ……………………… *19*
あかしゃちほこ ………………… *15*
あかすじくさかげろう ……… *48*, *56*
あかすじちゅうれんじ ………… **66**
あかずむかで …………………… *54*

あかせせり ……………………… *24*
あかたては ……………………… *56*
あかちびひらたむし …………… *23*
あかつりあぶもどき ………… **67**, *73*
あかとんぼ ……………………… *56*
あかね ……………………… **48**, *56*
あかねかみきり ………………… *12*
あかねとらかみきり …………… *12*
あかばおおきばはねかくし …… *74*
あかばくびぶとはねかくし …… *74*
あかばながはねかくし ………… *74*
あかばねつやくちきむし ……… *28*
あかはねながうんか …………… *45*
あかばはねかくし ……………… *74*
あかばほそはねかくし ………… *74*
あかはらけしきすい …………… *5*
あかはらごまだらひとり ……… *37*
あかひげほそみどりめくらがめ
………………………………… *40*
あかひめこめつきもどき …… *7*, *26*
あかひめつのかめむし ………… *64*
あかふはねながうんか ………… *45*
あかへりながかめむし ………… *73*
あかほしてんとう ……………… *38*
あかまだらかげろう …………… *55*
あかまだらせんちこがね ……… *71*
あかまるかいがらむし ………… *5*
あかむかで ……………………… *55*
あかむしゆすりか ……………… *25*
あかやすで ……………………… *79*
あかやんま ……………………… **66**
あきあかね ………………… **42**, *56*
あげはちょう …………………… **80**
あげはもどき …………………… **80**
あけびこのは …………………… **68**
あけびこんぼうはばち ………… **68**
あさかみきり …………………… *12*
あさひなきまだらせせり ……… *24*
あさましじみ …………………… *19*
あざみうま ……………………… **50**
あしえだとびけら ……………… *77*
あしぐろありがたはねかくし … *74*

五十音順索引

あしながおとしぶみ …………… 49	いこ ……………………… **40**, 52
あしながおにぞうむし …………… 65	いしがけちょう ………………… **41**
あしながこがね …………………… 71	いしむかで ……………………… 55
あしぶとこばち ………………… **46**	いそかねたたき ………………… **42**
あしまだらぶゆ …………… **46**, 53	いたやかみきり ………………… 13
あしまだらめだかはねかくし …… 74	いたやはまきちょっきり ………… 40
あずきぞうむし …………… **19**, 65	いちごはなぞうむし ……………… 65
あたまじらみ …………………… 51	いちもんじせせり ………………… 24
あとへりあおしゃく ……………… 20	いちもんじはむし ………………… 70
あともんまるけしかみきり … 12, **23**	いっぽんせすじすずめ …………… 16
あばたうみべねかくし …………… 74	いてあぶ ………………………… **5**
あばたこばねねかくし …………… 74	いてちょう ……………………… **5**
あひるながはじらみ ……… 51, **81**	いてばえ ………………………… **5**
あぶらこおろぎ …………………… 60	いてばち ………………………… **5**
あぶらみみず ……………………… 54	いとあめんぼ …………………… 33
あぶれか ………………………… **36**	いとだに ………………………… 10
あみめかげろう ………………… 55	いとど …………………………… **42**
あみめかわげら ………………… 63	いととんぼ ……………………… 56
あみめとびけら ………………… 77	いとみみず ……………………… 54
あみめりんが …………………… 17	いなご …………………… **59**, 61
あめいろかみきり ……………… 13	いなごもどき …………………… 59
あめいろこんぼうこまゆばち …… 20	いぬだに ………………………… 10
あめいろほそむしひき …………… 78	いぬはじらみ …………………… 51
あめんぼ …………………… **33**, 78	いぬびわこばち ………………… **15**
あめんぼう ……………………… 33	いねかめむし …………………… 30
あやなみつぶげんごろう ………… 43	いねくきみぎわばえ ……………… 33
あやむねすじたまむし …………… 8	いねくだあざみうま ……………… 50
あやもんひめながくちきむし … 28, 73	いねこみずめいが ………………… 60
あらめはなかみきり …………… 13	いねぞうむし …………………… 65
ありがたはねかくし …………… 74	いねつきむし …………………… **42**
ありづかこおろぎ ……………… 60	いねねくいはむし ………………… 70
ありもどきぞうむし ……………… 65	いねみずぞうむし ………………… 65
ありやどりこばち ………………… **62**	いぼた …………………………… **34**
あわせぐも ……………………… **63**	いぼたが ………………………… **34**
あんどんくらげ ………………… **63**	いぼたけんもん ………………… **34**
いいじまひらむし ……………… 22	いぼたろうむし ………………… **34**
いえかみきり …………………… 13	いぼばった ……………………… 59
いえごきぶり …………………… 58	いもきばが ……………………… **39**
いえたなぐも …………………… 22	いもさるはむし ………………… 70
いえだに ………………………… 10	いもぞうむし …………………… 65
いえにくだに …………………… 10	いらが …………………………… **6**
いくびまめぞうむし …………… 65	いらがいつつばせいぼう ………… 76

難読/誤読 昆虫名漢字よみかた辞典

いらむし	6	うばたまむし	8, **17**
いれこだに	4, 10	うましらみばえ	51
うおびる	**80**	うみあめんぼ	33
うしおぐも	**36**	うみべあかばはねかくし	74
うしじらみ	51	うめちびたまむし	8, **30**
うしづらかみきり	13	うもうだに	10
うしほそじらみ	51	うらぎんしじみ	19
うしょく	**37**	うらくろしじみ	19
うすあかおとしぶみ	49	うらくろすじしろひめしゃく	21
うすいろおながしじみ	19	うらごまだらしじみ	19
うすいろくびぼそじょうかい	35	うらなみしじみ	19
うすいろこのまちょう	**50**	うらみすじしじみ	19
うすいろささきり	**36**, 43	うりばえ	**38**
うすいろしぎあぶ	81	うりはむし	70
うすいろまぐそこがね	71	うりみばえ	**17**
うすかわまいまい	**50**	うんか	**35**
うすきくろてんひめしゃく	21	うんもんすずめ	16
うすきしまへりががんぼ	11	うんもんてんとう	**38**
うすぎぬひめゆすりか	25	うんもんひろばかげろう	55
うすきばねひめががんぼ	11	えぐりとびけら	**6**, 41, 77
うすぎんつとが	48	えぐりとらかみきり	13
うすぐろかみきりもどき	13	えごしぎぞうむし	48, **65**
うすぐろしゃちほこ	15	えせしなはまだらか	**3**
うすぐろすじつとが	48	えぞあかね	56
うすたびが	**50**	えぞありがたはねかくし	74
うすばががんぼ	11	えぞしもふりすずめ	16
うすばかげろう	55, 56	えぞすず	**59**
うすばかまきり	62	えぞつのかめむし	64
うすばかみきり	13	えぞとんぼ	56
うすばきとびけら	77	えぞひめぞうむし	65
うすひらむし	22	えだしゃく	21
うすべにこやが	11	えだななふし	43
うすべにはねびろうんか	35	えだひげながはなのみ	**29**
うずまきごかい	34	えのきこめつきだまし	7, 26
うすもんおとしぶみ	49	えびがらすずめ	16
うすもんつつひげながぞうむし		えびちゃくびながはねかくし	74
	65	えらみみず	54
うちきしゃちほこ	15	えんどうぞうむし	65
うちすずめ	16, **18**	えんまこおろぎ	61
うちわごかい	34	おいちょう	**45**
うちわやんま	**9**, 58	おうしまだに	10, 40
うばたまこめつき	7, **17**	おうとうはだに	10

おうとうはまだらみばえ …… 17, 29	おおつのとんぼ …………… **11**, 64
おおあおいほとびむし ………… 67	おおとらふこがね …………… 71
おおあおかみきり ……………… 13	おおながれとびけら …………… 77
おおあおしゃちほこ …………… 15	おおにじゅうやほしてんとう …… 38
おおあおぞうむし ……………… 65	おおはねかくし ………………… 74
おおあかばこがしらはねかくし	おおひしうんか ………… 35, 49
…………… 74	おおひらたはねかくし ………… 74
おおあかばはねかくし ………… 74	おおふたおかげろう …………… 55
おおあやしゃく ………………… 21	おおふたほしまぐそこがね …… 71
おおうすばはねかくし ………… 74	おおぶゆ ………………………… 53
おおうすべとがりめいが ……… 60	おおまぐそこがね ……………… 71
おおえぐりしゃちほこ ………… 15	おおまだらかげろう …………… 55
おおおさむし …………………… 32	おおまだらこくぬすと ………… 42
おおか …………………………… 11	おおみずすまし ………… **12**, 82
おおかまきり …………………… 62	おおむかで ……………… **22**, 55
おおきとんぼ …………………… 57	おおめだかながかめむし ……… 73
おおきばねながはねかくし …… 74	おおめふたつめかわげら ……… 63
おおきばはねかくし …………… 74	おおもんしろながかめむし …… 73
おおくしひげこめつき ……… 7, **12**	おおやまとんぼ ………………… 57
おおくちかくしぞうむし ……… 65	おおるりおさむし ……………… 32
おおくちきむし ………………… 28	おおるりはむし ………………… 70
おおくぼかみきり ……………… 13	おがさわらごきぶり …………… 58
おおくぼささらぞうむし …… **11**, 65	おかだのこぎりぞうむし ……… 65
おおくらかけかわげら ………… 63	おかだんごむし ………………… **74**
おおくろとびかすみかめ …… **12**, 40	おかめこおろぎ ………………… 61
おおくわがた …………………… 72	おかものあらがい ……………… **74**
おおくわごもどき …… **12**, 30, 52	おぎむし ………………………… **24**
おおげじ ………………………… 54	おくえぞほそごみむしだまし … 3, 32
おおごきぶり …………………… 58	おさぞうむし …………………… **44**
おおこくぬすと ………………… 42	おさむし ………………………… **32**
おおごもくむし ………………… **12**	おさむしもどき ………… **26**, 32
おおしおからとんぼ …………… 57	おじろしじみ …………………… 19
おおしもふりすずめ …………… 16	おすぐろともえ ………………… **76**
おおしろおびぞうむし ………… 65	おつねんちょう ………………… **67**
おおしろかねぐも ……… **12**, 72	おつねんとんぼ ………… 57, **67**
おおずあり ……………………… **12**	おとしぶみ ……………………… **49**
おおすじこがね ………………… 71	おながささきり ………………… 43
おおすずめばち ………………… 46	おながさなえ …………………… 58
おおせいぼう …………………… 76	おながしじみ …………………… 19
おおぞうむし …………………… 65	おながひらたかげろう ………… 55
おおちゃばねせせり …………… 25	おながみずすまし ……………… 82
おおつのかめむし ……………… 64	おなしかわげら ………………… 63

おにくわがた ……………… 72	かすりががんぼ ……………… 11
おにこめつきだまし ……… 3, 7	かすりひめががんぼ ………… 11
おにやんま ………… 58, **79**, **80**	かすりほそばとびけら ……… 77
おぬきよこばい ……………… 31	かすりもんゆすりか ………… 25
おはぐろとんぼ ………… 57, **71**	かせみみず ……………… **23**, 54
おびかわうんか ……………… 35	かたびろおさむし …………… 32
おびこしほそががんぼ ……… 11	かたびろくさびうんか ……… 35
おびひとり ……………………… 37	かたびろこまゆばちやどり …… 20
おびもんひょうたんぞうむし …… 65	かたびろはむし ……………… 70
おびやすで ……………………… 79	かたもんはねかくし ………… 74
およぎごかい …………………… **34**	かつおぞうむし ……………… 65
およぎだに ……………………… 10	かっこうかみきり …………… 13
おんぶばった ……………… **6**, 59	かっこうめだかかみきり …… 13
	かとうかみきりもどき ……… 13
【か】	かどまるえんまこがね ……… 71
	かとりやんま ………………… 58
かいこ ……………… **18**, 52	かとんぼ ……………………… 57
かえでのへりぐろはなかみきり	かなぶん ……………………… **70**
………………………… 13	かのこさびかみきり ………… 13
かおじろひげながぞうむし …… 65	かのこまるはきばが …………… 5
ががんぼ ……………… **11**, 52	かばいろこめつき ……………… 7
ががんぼかげろう …… **11**, **12**, 55	かばいろしじみ ……………… 19
ががんぼもどき ………………… 11	かばいろしゃちほこ ………… 15
かきのへたむしが ……………… **29**	かばいろもくめしゃちほこ … 15
かぎばあおしゃく ……………… 21	かばしゃく ……………………… 21
かぎばが ………………………… **71**	かぶらはばち …………………… **50**
かくあごはじらみ ……………… 51	かぶりだに ……………… **8**, 10, **63**
かくこがしらはねかくし …… 74	かぼちゃみばえ ………… 18, 29
かくすながれゆすりか …… 25, **64**	かほんかはなあざみうま …… 50
かくもんのめいが ……………… 60	かまきり ……………………… **62**
かくもんひとり ………………… 37	かまきりばえ ………………… 62
かげろう ………………………… **55**	かまきりもどき ……………… 62
かげろうひげたけか …………… **56**	かまどこおろぎ ……………… 61
かさねかんざしごかい ………… 34	かまふりんが ………………… 17
かしこすかしば ………………… 69	かみきり ……………………… **12**
かしのこながきくいむし ……… **32**	かみきりむし ……………… **12**, **79**
かしるりおとしぶみ …………… 49	かみきりもどき ……………… 13
かしわくちぶとぞうむし ……… 65	がむし ………………………… **37**
かしわまいまい ………………… **29**	かめのこてんとう ……………… 38
かすがきもんかみきり ………… 13	かめのこはむし ……………… 70
	かめむし ……………………… **30**
	かもどきばちもどき …………… **4**

かもはじらみ	51	きすじとらかみきり	13
かやきり	**49**	きすじながくちきむし	28, 73
かやこおろぎ	61	きすじのみはむし	70
からかねとんぼ	57, **76**	きすじはねびろうんか	35
からかねはなかみきり	13	きたがみとびけら	77
からかねはねかくし	75	きたては	56
からすしじみ	19	きたゆむし	60
からふとごまふとびけら	77	きちまだに	10, 40, **81**
かれとうろう	62	きっちょうむし	**8**
かわかげろう	55	きつねのぼたんはもぐりばえ	**33**, 36
かわぐも	**33**	きのかわが	**28**
かわげら	**63**	きのこくだあざみうま	50
かわらばった	59	きのこひらたけしきすい	5
かわらはんみょう	27	きはだひらたかげろう	24, 55
かんざしごかい	34	きばねかみきりもどき	13
かんたん	**69**	きばねしりあげ	24
かんむりごかい	34	きばねせすじはねかくし	75
きあしおおぶゆ	53	きばねせせり	25
きあしきんしぎあぶ	81	きばねつのとんぼ	64
きあしくさひばり	**26**	きばねながはねかくし	75
きあししりあげ	24	きばねにせはむしはなかみきり	13
きあしぶとこばち	46	きばびる	**38**
きいろかみきりもどき	13	きばらががんぼ	11
きいろかわかげろう	55	ぎふしまとびけら	77
きいろくちきむし	28	ぎふだいみょうがんぼ	11
きいろげんせい	47	きべりかたびろはなかみきり	13
きいろさなえ	58	きべりくろひめげんごろう	43
きいろしぎあぶ	81	きべりじょうかい	35
きいろすずめ	16	きべりたては	56
きいろちびごもくむし	**41**	きべりひらたがむし	37
きいろひらたかげろう	24, 55	きべりまめげんごろう	43
きいろひらたがむし	37	きべりまるくびはねかくし	75
きいろほそがんぼ	11	きほしあおいほとびむし	67
きえぐりしゃちほこ	15	きほしかみきり	13
きくすいかみきり	13	きほしちびひらたむし	23
きくびあおはむし	70	きほしまるうんか	35
きくびかみきりもどき	13	きほしまるとびむし	67
きこ	52	きまだらけしきすい	5
きごしががんぼ	11	きまだらこうもり	60
きこりむし	**31**	きまだらしまとびけら	77
きじらみ	**28**, 51	きまだらしろなみしゃく	21
きすじかんむりよこばい	31		

きまだらせせり	25	くちきこおろぎ	61
きまだらひげながこまゆばち	20	くちきむし	**28**
きまるかいがらむし	5	くちながこおろぎ	61
きむねしまあざみうま	51	くちばしがんぼ	11
きむねひめこめつきもどき	7, 26	くちばすずめ	16
きもんけちゃたて	32, 49	くちびろはじらみ	52
きゅうせんひぜんだに	19	くちぶとかめむし	30
きょくとうさそり	62	くちぶとこめつき	7
きららむし	**76**	くつわむし	**68**
きりうじがんぼ	11	くぬぎかめむし	30
きりぎりす	**61**	くびかくしながくちきむし	28, 73
ぎんいちもんじせせり	25	くびきりぎす	61
きんいろえぐりたまむし	8	くびながかめむし	30, 73
きんいろじょうかい	35	くびながきばち	**78**
きんうわば	**70**	くびながごむくし	**78**
きんかめむし	30	くびわしゃちほこ	15
きんすじこがね	71	くまこおろぎ	61
ぎんすじつとが	48	くまもとななふし	43
きんひばり	**71**	ぐみきじらみ	28, **46**, 52
ぎんぼしすずめ	16	くらずみうま	**3**
ぎんぼしりんが	17	くりいろこいたまだに	10, 40
ぎんもんしゃちほこ	15	くりしぎぞうむし	65, 81
ぎんもんすずめもどき	16	くりたまむし	8
ぎんやんま	58	くりばねあざみうま	51
くさかげろう	47, **48**, 55, 57	くりみが	17
くさきいろあざみうま	51	くりやけしきすい	5, **7**
くさぎかめむし	30	くるますずめ	16
くさぎのむし	**22**	くるまばった	59
くさきり	**48**, 61	くるみはむし	70
くさびうんか	35	くろあしえだとびけら	77
くしこめつき	7	くろおおきばはねかくし	75
くしひげかげろう	57	くろおびひげながぞうむし	65
くしひげしばんむし	32	くろおびりんが	17
くしひげちびしでむし	9, **31**	くろかたびろおさむし	32
くしひげみぞこめつきだまし	3, 7	くろかたほそはねかくし	75
くしひげむし	**31**	くろかみきり	13
くすあおしゃく	21	くろかみきりもどき	13
くすさん	**31**, 52	くろかめむし	30
くすのおおきくいむし	**31**	くろきほしぞうむし	65
くずのちびたまむし	8, 49	くろけしつぶちょっきり	41, **81**
くすべにかみきり	13	くろげんごろう	43
		くろこがしらはねかくし	75

くろこがね	71	くろまだらかげろう	55
くろごきぶり	58	くろまるえんまこがね	71
くろこぶうんか	35	くろまるけしきすい	5
くろこぶぞうむし	65	くろまるとびむし	67
くろさなえ	58	くろまるめくらがめ	40
くろしじみ	19	くろむねきかわひらたむし	23
くろしでむし	9	くろめんがたすずめ	16
くろすきばほうじゃく	80	くろもんかくけしきすい	5
くろすじのめいが	60	くろりんごきじらみ	28, 52
くろずしりほそはねかくし	75	くわあざみうま	51
くろすずめ	16	くわがた	**72**
くろずまめげんごろう	43	くわがたごみむしだまし	3
くろせせり	25	くわがたむし	72
くろせみぞはねかくし	75	くわがたもどき	72
くろたにがわかげろう	55	くわかみきり	13
くろたまむし	8	くわきじらみ	28, 52
くろつつとびけら	77	くわきよこばい	31
くろつやこおろぎ	61	くわこ	**29**
くろつやはだこめつき	7	くわご	**29**, **30**, 53
くろつやはねかくし	75	くわこなかいがらむし	29
くろつやむし	**82**	くわごまだらひとり	37
くろてんけんもんすずめ	16	くわしんとめたまばえ	**29**, 39
くろてんしゃちほこ	15, **81**	くわっくわっじ	**46**
くろとがりきじらみ	28, 52	くわなしりぶとががんぼ	11
くろとびむしもどき	67	くわはむし	70
くろながおさむし	32	くわやまうんか	35
くろながかめむし	73	くわやまはねながうんか	45
くろながたまむし	8	ぐんばいむし	**68**
くろばねありがたはねかくし	75	ぐんばいめくらがめ	40
くろばねつりあぶ	73	けいれき	**60**
くろひげかわげら	63	けかげろう	**33**, 57
くろひめががんぼもどき	11	けご	53
くろひめじょうかい	35	げじ	**54**
くろひらたけしきすい	5	けしうみあめんぼ	33
くろひらたよこばい	31	けしきすい	**5**, 47
くろふたおびつとが	48	げじげじ	**54**
くろふひげながぞうむし	65	けしげんごろう	43
くろへりのめいが	60, **82**	けしこめつきもどき	7, 26
くろほうじゃく	80	けじらみ	52
くろほしくちきむし	28	けだに	10
くろほそこばねかみきり	13	けちゃたて	**32**
くろほそじょうかい	35	けとびけら	61, 78

けながこなだに	10
けぶかしばんむし	32
けぶとはなかみきり	13
けもちだに	10
けもんけしきすい	5
けやきながたまむし	8
けら	**61**
げんごろう	**42**
げんごろうもどき	43
げんせい	**47**
こあおはなむぐり	**19**, 47
ごいししじみ	19
ごいしつばめしじみ	19
こうすばかげろう	**20**, 57
こうちすずめ	16
こうもりが	**59**
こうもりだに	10
こえびがらすずめ	16
こおいむし	**17**
こおにやんま	80
こおろぎ	**60**
ごかい	**34**
こかくつつとびけら	77
こかげろう	55
こがしらあぶ	**20**
こがしらうんか	35
こがたうみあめんぼ	33
こがたしまとびけら	77
こがたのげんごろう	43
こがねむし	**71**, **81**
こかまきり	62
ごきぶり	**58**
ごきぶりこばち	58
ごきぶりやせばち	44, 58
こきまだらせせり	25
こくしひげはねかくし	75
こくぬすと	**42**
こくぬすともどき	42
こくまるはきばが	5
こくろきじらみ	28, 52
こくろしでむし	9, **20**
こくろひげぶとはねかくし	75
こくろひめてんとう	38
こくろめだかはねかくし	75
こくわがた	72
こけかにむし	**48**
ごけぐも	**18**
こげちゃせまるけしきすい	5
こしあきとんぼ	**47**, 57
こしぼそやんま	58
こしまげんごろう	43
こすずめ	16, **18**
こせあかあめんぼ	33
こちゃたて	**19**, **20**
こちゃばねせせり	25
こつぶげんごろう	43
こなかげろう	57
こなじらみ	52
こなだに	10
こなちゃたて	**44**
こなながしんくい	72
こならいくびちょっきり	41
こはなこめつき	7
こばねいなご	59
こばねささきり	44
こばねながはねかくし	75
こばねひめぎす	61
こばねひょうたんながかめむし	73
こはんみょう	27
こぶうんか	35
こふきこがね	71
こふきぞうむし	65
こふたすじしまめいが	60
こぶはむし	70
こぶひげほそぞうむし	65
こぶまるえんまこがね	71
こべにすじひめしゃく	21
こまぐそこがね	71
ごましじみ	19
ごまだらおとしぶみ	49
ごまだらかみきり	13
ごまだらこくぬすと	42
ごまだらちょう	**46**

ごまだらひげながとびけら	77, 79
こまだらひめががんぼ	11
ごまふかみきり	13
ごまふがむし	37
ごまふとびけら	77
ごまふほくとう	28
こまゆばち	**20**
こまるずはねかくし	75
ごみぐも	**10**
こみみずく	46
ごみむしだまし	**3**
こむかで	55
こめつきだまし	**3**, 7
こめつきむし	**7**
こめつきもどき	7, **26**
こめのごみむしだまし	3
こやつぼしつつはむし	70
こよつめあおしゃく	21
こよりむし	**44**
ころぎす	**60**, 61
ころもじらみ	52

【さ】

さいかちまめぞうむし	**40**, 65
さいかちむし	**40**
さかはちちょう	**68**
さきあかばながはねかくし	75
さきあかひげぶとはねかくし	75
さきぐろむしひき	78
さくさん	53
さくらこがね	71
ささきり	**43**, 61
ささきりもどき	43
ささくだあざみうま	51
さざなみすずめ	16
ささらだに	10, **44**
さしがめ	**6**, 30
さしだに	**6**, 10
さそり	**62**

さそりもどき	62
さつまごきぶり	58
さつましじみ	19
さつまもんしぎあぶ	81
さとうだに	10
さなえとんぼ	57
さびだに	10
さびのこぎりぞうむし	65
さびはねかくし	75
さぼてんしろかいがらむし	**3**
さむらいまめぞうむし	**32**, 65
さやあしにくだに	10
さらさひとり	37
さらさやんま	58
さるはむし	70
さんが	53
さんごじゅはむし	70
しいおながくだあざみうま	51
しいまるくだあざみうま	51
しおあめんぼ	33
しおからとんぼ	57
しおやとんぼ	57
じかきむし	**17**
じがばち	**3**
しぎあぶ	**80, 81**
しぎぞうむし	**80, 81**
しじみがむし	**18**, 37
しじみちょう	**19**, 54
しでむし	**9**
しなのこなじらみ	52
しばつとが	48
しばんむし	**32**
しまあめんぼ	33
しまうんか	35
しまげんごろう	43
しまとびけら	41, 77
しままるとびむし	67
しまみみず	54
しみ	**44**, 63
じむかで	39, 55
しもふりすずめ	16, 76

しゃくが	20	しろてんこうもり	60
しゃくとりが	21	しろてんながたまむし	8, 39
しゃちほこ	15	しろとらかみきり	14
しゃちほこが	80	しろはらとんぼ	57
じゅうさんほしてんとう	38	しろひとり	37
じゅうじながかめむし	73	しろふあおしゃく	21
じゅうたんが	33	しろふつやとびけら	77
じょうかいぼん	34, 35	しろへりとらかみきり	14
じょうかいもどき	26, 35	しろほそば	39
じょうざんしじみ	19	しろもんくろしんくい	23
しょうじょうとんぼ	57	しろやすで	79
しょうりょうとんぼ	57	じんがさはむし	70
しょうりょうばった	59	しんくいが	23
しょうりょうばったもどき	59	しんくいむし	23
しょくがばえ	78	しんじゅさん	53
しらおびしでむしもどき	9	しんていとびけら	77
しらくもごぼうぞうむし	65	すいぎゅうじらみ	52
しらけながたまむし	8	ずいむしあかたまごばち	60
しらすじかみきり	13	すかしえだしゃく	21
しらほしかみきり	13	すかししりあげもどき	24, 69
しらほしながたまむし	8	すかしば	68
しらみ	51	すかしひろばかげろう	55
しらみだに	10, 52	すかしまだら	69
しらみばえ	52	すぎかみきり	14
しりあげこばち	24	すきこ	53
しりあげむし	24	すぎのあかねとらかみきり	14
しりぐろおおけしきすい	5	すきばじんがさはむし	70
しりながかみきりもどき	13	すきばちょうとんぼ	57
しりぶとががんぼ	11, 21	すきばほうじゃく	69
しろおびなかほそたまむし	8	すぎまるかいがらむし	5
しろかねぐも	72	ずぐろめだかはねかくし	75
しろこかげろう	55	すけばはごろも	69
しろこぶぞうむし	65	すじぐろちゃばねせせり	25
しろじゅうごほしてんとう	38	すじこがしらうんか	35
しろじゅうしほしてんとう	38	すじこなまだらめいが	60
しろずおおよこばい	31	すじとびけら	77
しろすじかみきり	13	すじもんきまるはきばが	5
しろすじこがね	71	すじもんつばめあおしゃく	21
しろすじしゃちほこ	15	すじもんひとり	37
しろすじどうぼそかみきり	14	すずきはらほそつりあぶ	73
しろずひめむしひき	78	すずみぐも	36
しろたにがわかげろう	55	すずめが	16, 76

すずめはじらみ ･･････････････ 52
すずめばち ････････････････････ **46**
ずまるはねかくし ･･････････････ 75
すももえだしゃく ･････････････ 21
せあかくさかげろう ･･････ 48, 57
せあかつのかめむし ･･･････････ 64
せあかながくちきむし ････ 28, 73
せあかひめおとしぶみ ･････････ 50
せいぼう ････････････････････ **76**
せいようしみ ･････････････････ 63
せぐろかぶらはばち ･･･････････ 50
せぐろとびけら ･･･････････････ 77
せじろうんか ･････････････････ 35
せすじげんごろう ･････････････ 43
せすじすずめ ･････････････････ 16
せすじちびはねかくし ･････････ 75
せすじながかめむし ･･･････････ 73
せすじひらあしゆすりか ･･･････ 25
せすじゆすりか ･･･････････････ 25
せせりちょう ･･････････････ **24**
せせりもどきが ･･････････ 25, **26**
せだかおさむし ･･･････････････ 32
せだかこくぬすと ･････････････ 42
せだかてんとうだまし ･･･ **4**, 38
せっけいかわげら ･････････････ 63
せとおよぎゆすりか ･･･････････ 25
せとしみ ･････････････････････ 63
せぼしじょうかい ･････････････ 35
せまだらまぐそこがね ･････････ 71
せまるがむし ･････････････････ 37
せまるけしがむし ･････････････ 37
せみぞひらたはねかくし ･･･････ 75
せみぞよつめはねかくし ･･･････ 75
せんちこがね ･････････････････ 71
ぞうはなむし ･･････････････ **65**
ぞうむし ･･････････････････ **65**
そともんつとが ･･･････････････ 48
そらまめぞうむし ･･･････ **53**, 66

【た】

だいこくこがね ･･･････････････ 71
たいこむし ･･････････････ **12**, 82
だいこんはむし ･･･････････････ 70
だいみょうがんぼ ･････････････ 11
だいみょうせせり ･････････････ 25
だいみょうはねかくし ･････････ 75
たいりくあかね ･･･････････････ 57
たいわんとびななふし ･････････ 43
たいわんはじらみ ･････････････ 52
たかさごきららまだに ･････････ 40
たかねきまだらせせり ･････････ 25
たかねとんぼ ･････････････････ 57
たかねひなばった ･････････････ 59
たがめ ･･････････････････････ **33**
たからだに ･･･････････････････ 10
たきぐちももぶとほそかみきり
　･･････････････････････････ 14
たけか ･･････････････････････ **49**
たけしろまるかいがらむし ････ 5
たけとらかみきり ･････････････ 14
たてじまかみきり ･････････････ 14
たてすじうんか ･･･････････････ 35
たてはちょう ･･････････････ **56**
たてはもどき ･･･････････ **26**, 56
たなぐも ･･････････････････ **22**
だに ･･････････････････････ **10**
たねがたまだに ･･･････････････ 40
たまおしこがね ･･･････････････ 71
たまかいがらひげながぞうむし
　･･････････････････････････ 66
たましきごかい ･･･････････････ 34
たまばえ ･･････････････････ **39**
たまむし ･･･････････････ **8**, 70
たまやすで ･･･････････････････ 79
だるまごかい ･････････････････ 34
だんだらちびたまむし ････････ 8
だんだらひめゆすりか ･････････ 25

ちーずばえ ……………… 3	つぶげんごろう ……………… 43
ちちゅうかいみばえ ……… 18	つまきあおじょうかいもどき …… 35
ちびくわがた ……………… 72	つまきしゃちほこ ……………… 15
ちびこくぬすと …………… **41**, 42	つまぐろあかばはねかくし …… 75
ちびたけながしんくい ……… 72	つまぐろきげんせい …………… 47
ちびほそはねかくし ………… 75	つまぐろしりあげ ……………… 24
ちゃいろさるはむし …………… 70	つまぐろとびけら ……………… 77
ちゃいろすずめばち …………… 46	つまぐろひげほそむしひき …… 78
ちゃいろちょっきり …………… 41	つまぐろよこばい ……………… 31
ちゃたてむし ………………… **49**	つまじろしゃちほこ …………… 15
ちゃのきいろあざみうま ……… 51	つむぎあり ……………………… **44**
ちゃばねくしこめつき …………… 7	つむぎやすで …………………… 79
ちゃばねごきぶり ……………… 58	つめあかながひらたたまむし …… 8
ちゃばねせせり ………………… 25	つめだに ………………………… 10
ちゃばねひげながかわとびけら	つやつつきのこむし …………… 44
……… 77	つりあぶ ………………………… **73**
ちゃばねひめかげろう ………… 57	つりがねちまだに ……………… 40
ちゃまだらせせり ……………… 25	てぐすさん ……………………… 53
ちゃまだらひげながぞうむし …… 66	ていろはなかみきり …………… 14
ちゃもんながかめむし ………… 73	てながこがね …………………… 71
ちょうせんしまびろうどこがね	でばひらたむし ………………… 23
……… 71	てらうちうんか ………………… 35
ちょうとんぼ …………………… 57	てんぐだに ……………………… 10
ちょっきり ……………………… **40**	てんとうごみむしだまし …… 3, **39**
つきわまるけしきすい …………… 6	てんとうはむし ………………… **39**
つくつくぼうし ………………… 54	てんとうむし ………………… **16**, 38
つちいなご ……………………… 59	てんとうむしだまし ………… 4, 38
つちかめむし …………………… 30	とうあひげながとびむし ……… 68
つちすがり ………………………… 9	とうが ……………………………… **37**
つちはんみょう ………………… 9, 27	どうがねぶいぶい …………… 70, 72
つつきのこむし ………………… **44**	とうきょうこおろぎ …………… 61
つつじぐんばい ………………… 68	とうしんとんぼ ………………… 57
つつぞうむし …………………… 66	とうろう …………………………… **62**
つとが ……………………………… **48**	とがりえだしゃく ……………… 21
つのかめむし ………………… 30, 64	とがりしろおびさびかみきり …… 14
つのこがね ……………………… 71	とがりばあかねとらかみきり …… 14
つのこばねながかめむし ……… 73	とがりめいが …………………… 60
つのとんぼ …………………… 57, 64	とげだに ………………………… 10
つのひらむし …………………… 22	とげつのかめむし ……………… 64
つのふとつつはねかくし ……… 75	とげとげ ………………………… **30**
つばさごかい …………………… 34	とげとびいろかげろう ………… 55
つばめしじみ …………………… 19	とげななふし ………………… **6**, 43

とげばかみきり ………………… 14
とげばごまふがむし ……………… 37
とげひげとらかみきり …………… 14
とげふたおたまむし ……………… 8
とげむねつつながくちきむし ‥ 28, 73
とげもちひげながとびけら ‥‥ 77, 79
とこじらみ ………………………… 52
とさかしばんむし ………………… 32
とさひらずげんせい ……………… 48
とのさまばった …………………… 59
とびいろうんか …………………… 35
とびいろかげろう ………………… 55
とびいろぐんばいうんか ………… 35
とびいろすずめ …………………… 16
とびいろせすじはねかくし ……… 75
とびいろとびけら ………………… 77
とびいろむなほそこめつき ……… 7
とびけら ………… **41, 61, 77, 78**
とびこばち ……………………… **67**
とびさるはむし …………………… 70
とびすじひめなみしゃく ………… 21
とびずむかで ……………………… 55
とびななふし ……………………… 43
とびむし ……………………… **67, 77**
とびやすで ………………………… 79
とほしおさぞうむし ……………… 66
とらかみきり ……………………… 14
とらふかみきり …………………… 14
とらふしじみ ……………………… 19
とらふつばめえだしゃく ………… 21
とらふとんぼ ……………………… 57
とらふほそばねかみきり ………… 14
とらふむしひき …………………… 78
とりのふんだまし ……………… **26**
どろのきはむし ……………… **39**, 70
どろはまきちょっきり …………… 41
とわだおおか ……………………… 11
とわだかわげら …………………… 63
とんぼ ……………………… **56, 58**

【な】

なかあかひげぶとはねかくし ‥‥ 75
ながかめむし ………………… 30, **73**
ながくちきむし ……………… 28, **72**
なかぐろかすみかめ ……………… 40
なかぐろちびなみしゃく ………… 21
ながごまふかみきり ……………… 14
ながさきよつめはねかくし …… 75
ながしんくい …………………… **72**
なかすじしゃちほこ ……………… 15
ながばひめはなかみきり ………… 14
ながひらたむし …………………… 23
ながめ ………………………… 30, **49**
ながらがわうんか ………………… 35
ながれだに ………………………… 10
ながれとびけら ……………… 41, 77
なきいなご ………………………… 59
なしかめむし ……………………… 30
なしきじらみ ………………… 28, 52
なつご ……………………………… 53
ななふし ………………………… **43**
ななほしてんとう ………………… 38
なみがたちびたまむし …………… 8
なみくしひげはねかくし ………… 75
なみこむかで ……………………… 55
なみしゃく ………………………… 21
なみすじちびひめしゃく ………… 21
なみとびいろかげろう …………… 55
なみはだに ………………………… 10
なみふたおかげろう ……………… 55
なみまいまい …………………… **27**
なみもんこけしきすい …………… 6
なもぐりばえ ……………………… 36
なわこがしらうんか ……………… 35
にいくにひめばち ……………… **27**
にいじまとらかみきり …………… 14
にかめいが ………………………… 60
にきびだに …………………… 10, **77**

にくだに	10	はいろしゃちほこ	15
にせふしとびむし	68	はいいろはねかくし	75
にせまぐそこがね	71	はいいろひらたちびたまむし	8
にっこうしゃちほこ	15	はいいろやはずかみきり	14
にっぽんがんぼ	11	はえだに	10
にっぽんがんぼだまし	11	はぎつるくびおとしぶみ	50
にとべはらほそつりあぶ	73	ばくがこまゆばち	20
にほんかぶらはばち	50	はぐるまちゃたて	49
にほんちゅうれんじ	**27**	はぐろあかこまゆばち	20
にわとりながはじらみ	52	はぐろとんぼ	57
にわはんみょう	27	はさみつのかめむし	64
にんぎょうとびけら	41, 77	はじらみ	52
ぬかずきむし	**8**	はすじかつおぞうむし	66
ぬかだかあなばち	**77**	はすむぐりゆすりか	25
ぬまだに	10	はだかこおろぎ	61
ぬるでみみふし	**9**	はだに	10
ねぎあざみうま	51	はたはた	61, **62**
ねきとんぼ	57	はちまがいすかしば	**26**
ねぐろきじらみ	28, 52	はっかはむし	70
ねじろかみきり	14	はっかひめぞうむし	66
ねだに	10	ばった	**59**, **60**
ねぶとくわがた	72	はったみみず	54
のうちゅう	**9**	はっちょうとんぼ	57
のぎかわげら	63	はとながはじらみ	52
のぐちくだあざみうまもどき	51	はなあざみうま	51
のこぎりかみきり	14	はなかみきり	14
のこぎりくわがた	72	はなかめむし	30
のこぎりすずめ	16	はなみじらみ	52
のこぎりひらたむし	23	はなむぐり	**47**
のしめとんぼ	**37**, 57	はねかくし	**74**
のしめまだらめいが	60	はねながいなご	59
のみばった	59	はねながうんか	**45**
のみはむし	70	はねながきりぎりす	61
のろあぶ	**38**	はねながふきばった	59
		はねながぶどうすずめ	16
		はねもんりんが	17
【は】		はまだらうすか	**45**
		はまだらか	**45**
はあり	**62**, **78**	はまとびむし	68
はいいろかみきりもどき	14	はむし	**70**
はいいろげんごろう	43	はむしだまし	**4**, 70
		はもぐりが	36

はもぐりばえ	36	ひしもんながたまむし	8
はらおかめこおろぎ	**7**, 61	ひぜんだに	10
はらぐろのこぎりぞうむし	66	ひとえかんざしごかい	34
はらながくしひげがんぼ	11	ひとおびあらげかみきり	14
はらびろかまきり	62	ひとじらみ	52
はらびろはねかくし	75	ひとりが	**37**
はらほそむしひき	78	ひとりがかげろう	**36**, 55
ばらるりつつはむし	70	ひなかまきり	62
はりまながうんか	35	ひなしゃちほこ	15
はるご	53	ひなばった	59
はんのききくいむし	**67**	ひまさん	**50**, 53
はんのきじらみ	28, 52, **67**	ひめあかたては	56
はんのけんもん	**31**	ひめあかね	57
はんみょう	**27**	ひめあしまだらぶゆ	46, 53
ひおどしちょう	**45**	ひめあみめかわげら	63
ひが	**37**	ひめいとあめんぼ	33
ひぐらし	**27, 48**, 58	ひめうちすずめ	16
ひげこがね	71	ひめおおやまかわげら	64
ひげこめつき	**7, 64**	ひめかげろう	57
ひげしりぶとががんぼ	11, **79**	ひめかまきり	62
ひげながおとしぶみ	50	ひめかまきりもどき	62
ひげながかめむし	73	ひめがむし	**37**
ひげながかわとびけら	41, 78	ひめかめのこてんとう	38
ひげながとびけら	**79**	ひめかめのこはむし	70
ひげながひめひらたむし	23	ひめきしたひとり	37
ひげながひめるりかみきり	14	ひめぎす	61
ひげながむしひき	78	ひめきばねさるはむし	70
ひげぶとあざみうま	51	ひめきまだらこめつき	**7**
ひげぶとおさむし	32, **64**	ひめきまだらせせり	25
ひげぶとごみむしだまし	3	ひめきりうじがんぼ	11
ひげぶとこめつき	7	ひめくさきり	48, 61
ひげぶととがりきじらみ	28, 52, **64**	ひめくちばすずめ	16
ひげぶとはねかくし	**64**, 75	ひめくろおさむし	32
ひげほそひめこめつきだまし	3, 7	ひめくろごきぶり	58
ひさかきのきくいむし	**69**	ひめくろほうじゃく	80
ひさごごみむしだまし	4	ひめこおろぎ	61
ひさごすずめ	16	ひめこがね	71
ひしうんか	35, **49**	ひめこなじらみ	52
ひしかみきり	14	ひめこばねながかめむし	73
ひしきじらみ	28, 52	ひめこぶおとしぶみ	50
ひしばった	59	ひめこめつきがたながくちきむし	28, 73

ひめさなえ	58	ひらたやすで	**24**, 79
ひめしじみ	19	ひらびる	**24**
ひめしゃちほこ	15	びろうどすずめ	16
ひめじょうかい	35	びろうどなみしゃく	21
ひめしりぐろはねかくし	75	ひろばかげろう	57
ひめしろかげろう	55	ひろばとがりえだしゃく	21
ひめすぎかみきり	14	ひろばねひなばった	59
ひめだに	16	びわはなあざみうま	51
ひめちゃまだらせせり	25	ふきばった	59
ひめつのかめむし	64	ふくらすずめ	16, **47**
ひめとげとびむし	68	ふさごかい	34
ひめとびうんか	36	ふさひげるりかみきり	14, **45**
ひめながかめむし	73	ふさやが	11
ひめはさみつのかめむし	64	ふさやすで	**45**, 79
ひめひらたかげろう	**24**, 55	ふしだに	**51**
ひめひらたたまむし	**8**	ふじはむし	70
ひめひらたながかめむし	73	ふじまめとりば	**51**
ひめびろうどこがね	71	ふたおかげろう	55
ひめふたおかげろう	55	ふたおびつつきのこむし	44
ひめまだらながかめむし	73	ふたきほしぞうむし	66
ひめみずかまきり	62	ふたこぶるりはなかみきり	14
ひめむらさきとびむし	68	ぶたじらみ	52
ひめやすで	79	ふたすじひとり	37
ひめやままゆ	22	ふたすじもんかげろう	55
ひめよこばい	31	ふたてんおおよこばい	31
ひょうたんながかめむし	73	ふたとげくろかわげら	64
ひょうたんめくらがめ	40	ふたとげちまだに	10, 40
ひょうひだに	10	ふたばかげろう	55
ひょうもんけしきすい	6	ふたほしおおのみはむし	70
ひよけむし	**69**	ふたほししりぐろはねかくし	75
ひよどりはじらみ	52	ふちけまぐそこがね	71
ひらずきじらみ	28, 52	ふちべにひめしゃく	21
ひらたあおこがね	71	ぶちみゃくよこばい	31
ひらたかげろう	**24**, 55	ふつうごかい	34
ひらたかめむし	30	ふつうみみず	54
ひらたぐんばいうんか	36	ぶと	**53**, **60**
ひらたしでむし	9	ぶどうこなじらみ	52
ひらたちびたまむし	**8**	ぶどうすずめ	16
ひらたながかめむし	73	ぶどうとらかみきり	14
ひらたはねかくし	75	ぶどうはまきちょっきり	41
ひらたみみずく	**23**, 46	ふとおびほそばすずめ	16
ひらたむし	**22**, **23**	ふとかみきり	14

ふとすじもんひとり	37	ほしほうじゃく	80
ふとつつはねかくし	75	ほしぼしごみむし	**27**
ふとはさみつのかめむし	64	ほそあしながたまむし	8
ふとみみず	54	ほそかみきり	14
ふとめいが	60	ほそすじつとが	48
ふなむし	**34**	ほそつつたまむし	8
ぶゆ	**53**	ほそながかめむし	73
ふゆいなご	59	ほそばしゃちほこ	15
ふゆしゃく	21	ほそばすずめ	16
ぶらんこやどりばえ	**67**	ほそばせせり	25
ふりそでだに	10	ほそはんみょう	27
べっこうががんぼ	11	ほそひめががんぼ	11
べっこうしりあげ	24	ほそふたほしめだかはねかくし	75
べっこうとんぼ	57	ほそへりかめむし	30
べにきじらみ	28, 52	ほそまだらしりあげ	24
べにこめつき	7	ほそみつぎりぞうむし	66
べにしじみ	19	ほそみどりうんか	36
べにすずめ	16	ほたるかみきり	14
べにひらたむし	23	ほたるとびけら	78
べにへりてんとう	38	ほたるはむし	70
べにもんあおりんが	17	ほたるみみず	54
へひりむし	**26**	ほっかいじょうかい	35
へりかめむし	30		
へりぐろちゃばねせせり	25	**【ま】**	
へりぐろひらたけしきすい	6		
へりすじなみしゃく	21	まいまい	**82**
へりはねむし	**45**	まいまいかぶり	**59**
へりむねまめこめつき	7	まえあかひとり	37
ほうじゃく	**54, 80**	まえきががんぼ	11
ぼうふら	**17**	まえきふたつめかわげら	64
ほおずきかめむし	69	まえぐろはねながうんか	36, 45
ぼくとうが	**28**, 63	まえぐろひめふたおかげろう	55
ぼくら	**28**	まえじろしゃちほこ	15
ほこりだに	10	まがたまはんみょう	27
ほしうすばかげろう	**27**, 57	まがりけむしひき	78
ほしささきり	44	まぐそこがね	71
ほししゃく	21	まくなぎ	**62**
ほししりあげ	24	ましらぐも	**38**
ほしちゃたて	49	まだに	10, 40
ほしちゃばねせせり	25	まだらあしぞうむし	66
ほしひめががんぼ	11		
ほしべにかみきり	14		

まだらうすばかげろう	57	まるばねとびけら	78
まだらががんぼ	11	まるひょうたんぞうむし	66
まだらかげろう	55	まるむねごみむしだまし	4
まだらくわがた	72	みいでらはんみょう	27
まだらごきぶり	58	みいろたては	56
まだらこなかげろう	56	みかどががんぼ	12
まだらさそり	62	みかどふきばった	59
まだらしみ	63	みかんこなじらみ	52
まだらちびこめつき	7	みかんこはもぐりが	36
まだらつつきのこむし	44	みかんこみばえ	18
まだらばった	59	みかんとげこなじらみ	52
まだらふとひげながぞうむし	66	みかんながたまむし	8
まだらめいが	60	みかんはだに	10
まだらめかくしぞうむし	66	みかんまるかいがらむし	5
まだらやんま	58	みぎわばえ	**33**, **34**
まつあなあきぞうむし	66	みじんまいまい	**23**
まつきほしぞうむし	66	みじんむし	**23**
まつざいしばんむし	32	みずいろおながしじみ	19
まつしらほしぞうむし	66	みずかげろう	57
まつとびぞうむし	66	みずかまきり	62
まつのまだらかみきり	14	みずかめむし	30
まつのむつばきくいむし	**29**	みすじががんぼ	12
まつむらべっこうこまゆばち	20	みすじしりあげ	24
まどがんぼ	12	みすじみばえ	18, 29
まねきぐも	**24**	みずすまし	**33**, **82**
まめがむし	37	みずだに	10
まめげんごろう	43	みずとびむし	68
まめこがね	71	みずひきごかい	34
まめはなあざみうま	51	みずふしとびむし	68
まめはんみょう	27	みずまるとびむし	68
まめほそくちぞうむし	66	みずみみず	54
まるうんか	36	みちおしえ	**68**
まるかいがらむし	**5**	みつかどこおろぎ	61
まるがたげんごろう	43	みつぎりぞうむし	66
まるがたはなかみきり	14	みつばちしらみばえ	52
まるかめむし	30	みつもんせまるひらたむし	23
まるくびくしこめつき	8	みどりかわげらもどき	64
まるくびつちはんみょう	9	みどりしじみ	19
まるこぶすじこがね	71	みどりとびむし	68
まるとげむし	6	みどりひめかげろう	57
まるとびむし	68	みどりゆむし	60
まるはきばが	**5**	みなみかわとんぼ	58

みなみやんま	58	むねすじこがしらはねかくし	75
みのひらむし	22	むねもんやつぼしかみきり	14
みのもほそむしひき	78	むもんあかしじみ	19
みばえ	**17, 18, 29**	むらさきしじみ	19
みみず	**54**	むらさきつばめ	**45**
みみずく	**46**	むらさきとびけら	41, **78**
みやまかみきり	14	めいが	**60**
みやまかみきりもどき	14	めいちゅう	**60**
みやまからすしじみ	19	めくらかめむし	**40**
みやまくわがた	72	めすあかきまだらこめつき	8
みやましじみ	19	めだかつやはだこめつき	8
みやませせり	25	めだかながかめむし	73
みやまちゃばねせせり	25	めだまぐも	**22**
みんみんぜみ	**54**	めまとい	**40**
むかしかわとんぼ	58	めんがたすずめ	16
むかしげんごろう	43	もうそうたまこばち	**17**
むかしごかい	34	もぐりが	**36**
むかしやんま	58	もぐりばえ	**36**
むかで	39, **54**	ものさしとんぼ	58
むぎすじはもぐりばえ	**36**	ももえぐりいえばえ	**47**
むくげきのこむし	**20**	ももぐろはなかみきり	14
むくげこのは	**20**	ももちょっきり	41
むくつまきしゃちほこ	15	ももはもぐりが	**36**
むしくそはむし	**70**	ももひめしんくいが	23
むしひきあぶ	**78**	ももぶとしでむし	9
むすじもんかげろう	56	ももぶとはなかみきり	15
むつあかね	58	もんかげろう	56
むつてんなみしゃく	4	もんかわげら	64
むつぼしたまむし	8	もんきくろめくらがめ	**40**
むつぼしつやこつぶげんごろう	43	もんきごみむしだまし	4
むつぼしてんとう	4, **38**	もんきしろしゃちほこ	15
むつもんおとしぶみ	4, **50**	もんきつのかめむし	64
むつもんながくちきむし	4, 28, **73**	もんきながくちきむし	28, **73**
むなかたこまゆばち	**20**	もんくろありのすはねかくし	76
むなこぶはなかみきり	14	もんくろぎんしゃちほこ	16
むなびろはねかくし	75	もんくろしゃちほこ	16
むなみぞはなかみきり	14	もんしろまるはきばが	5
むねあかくしひげむし	31	もんちびぞうむし	66
むねあかくろじょうかい	35		
むねあかさるはむし	**70**		
むねあかせんちこがね	71		

【や】

やいとむし ······················ **37**
やえやまさそり ··············· 62
やが ······························· 11
やけやすで ················ **37**, 79
やご ······························· **33**
やさいぞうむし ··············· 66
やすで ····························· **79**
やすでもどき ··················· 79
やすまついほとびむし ····· 68
やすまつとびななふし ····· 43
やせばち ·························· **44**
やっこかんざしごかい ·· **16**, 34
やつめかみきり ··············· 15
やどかりちょっきり ····· **18**, 41
やどりかにむし ················ **18**
やどりだに ················· 10, **18**
やどりばち ························ **18**
やなぎかわうんか ············ 36
やなぎしりじろぞうむし ··· 66
やなぎちびたまむし ········· 8
やなぎはむし ··················· 70
やにさしがめ ·········· 6, 30, **46**
やぶきり ·························· 61
やぶやんま ······················ 58
やまいもはむし ········· **50**, 70
やまがいこ ················· **22**, 53
やまとあみめかわげらもどき ··· 64
やまといそゆすりか ········· 26
やまとおおめはねかくし ··· 76
やまとかわげら ··············· 64
やまときじらみ ·········· 28, 52
やまとこおろぎ ··············· 61
やまとごきぶり ··············· 58
やまとしぎあぶ ··············· 81
やまとしじみ ··················· 19
やまとしみ ······················ 63
やまとしりあげ ··············· 24

やまとちびみどりかわげら ······ 64
やまとひめかげろう ············· 58
やまとひろばあみめかわげら ··· 64
やまとふたつめかわげら ········ 64
やまとほそがむし ·················· 37
やまとまだに ······················ 40
やまとまるくびはねかくし ··· 76
やまともんしでむし ················ 9
やまとんぼ ·························· 58
やままゆ ················ **16**, **22**, 53
やままゆが ·························· 22
やりがたけしじみ ············ 19, **31**
やんばるてながこがね ···· **21**, 71
やんばるとげおとんぼ ·········· 58
やんま ································· **58**
ゆあさはなぞうむし ·············· 66
ゆすりか ······························· **25**
ゆみもんひらたかげろう ·· 24, 56
ゆむし ································· **60**
ゆりのくだあざみうま ·········· 51
ゆりみみず ·························· 54
よこばい ······························ **31**
よこやまとらかみきり ·········· 15
よつきぼしかみきり ·············· 15
よつこぶごみむしだまし ········ 4
よつすじとらかみきり ·········· 15
よつすじひしうんか ········ 36, 49
よつすじひめしんくい ·········· 23
よつばこせいぼう ················ 76
よつぼしかみきり ················ 15
よつぼしくさかげろう ···· 48, 58
よつぼしけしきすい ··············· 6
よつぼしごみむしだまし ········ 4
よつぼしてんとうだまし ······ 38
よつぼしとんぼ ···················· 58
よつぼしもんしでむし ············ 9
よつめとびけら ···················· 78
よなぐにさん ······················ 53
よもぎえだしゃく ················ 21
よもぎしろてんよこばい ······ 31
よもぎはむし ······················ 70

【ら】

りすじらみ ……………… 52
りゅうがやすで ………… 79
りゅうきゅうるりぼしかみきり
 ………………………… 15
りんが …………………… **17**
りんごこふきはむし ……… 70
りんごはだに ……………… 10
りんごはなぞうむし ……… 66
りんごひげながぞうむし …… 66
るりいととんぼ …………… 58
るりおとしぶみ …………… 50
るりかみきり ……………… 15
るりくわがた ……………… 72
るりこがしらはねかくし …… 76
るりごみむしだまし ……… 4
るりしじみ ………………… 19
るりたては ………………… 56
るりちゅうれんじ ………… **38**
るりてんとうだまし ……… 4, **38**
るりひめじょうかいもどき … 26, **35**
るりひらたむし …………… 24
るりぼしかみきり ………… 15
るりぼしやんま …………… 58

【わ】

わくも …………………… **81**
わたのめいがこうらこまゆばち
 ………………………… 20
わたりんが ………………… 17
わもんごきぶり …………… 58
わらじむし ……………… **48**, **82**

難読誤読 昆虫名漢字よみかた辞典

2016年5月25日　第1刷発行

発　行　者／大高利夫
編集・発行／日外アソシエーツ株式会社
　　　　　　〒143-8550 東京都大田区大森北1-23-8 第3下川ビル
　　　　　　電話 (03)3763-5241(代表)　FAX(03)3764-0845
　　　　　　URL http://www.nichigai.co.jp/
発　売　元／株式会社紀伊國屋書店
　　　　　　〒163-8636 東京都新宿区新宿 3-17-7
　　　　　　電話 (03)3354-0131(代表)
　　　　　　ホールセール部(営業)　電話 (03)6910-0519

　　　　　　電算漢字処理／日外アソシエーツ株式会社
　　　　　　印刷・製本／株式会社平河工業社

　　　　　　不許複製・禁無断転載　　《中性紙北越淡クリームラフ書籍使用》
　　　　　　〈落丁・乱丁本はお取り替えいたします〉
　　　　　　ISBN978-4-8169-2606-8　　Printed in Japan, 2016

　　　　　　本書はディジタルデータでご利用いただくことが
　　　　　　できます。詳細はお問い合わせください。

難読誤読 鳥の名前漢字よみかた辞典

四六判・120頁　定価（本体2,300円＋税）　2015.8刊

難読・誤読のおそれのある鳥の名前のよみかたを確認できる小辞典。鳥名見出し500件と、その下に関連する逆引き鳥名など、合計1,839件を収録。部首や総画数、音・訓いずれの読みからでも引くことができる「五十音順索引」付き。

難読誤読 植物名漢字よみかた辞典

四六判・110頁　定価（本体2,300円＋税）　2015.2刊

難読・誤読のおそれのある植物名のよみかたを確認できる小辞典。植物名見出し791件と、その下に関連する逆引き植物名など855件、合計1,646件を収録。部首や総画数、音・訓いずれの読みからでも引くことができる。

難読誤読 島嶼名漢字よみかた辞典

四六判・130頁　定価（本体2,500円＋税）　2015.10刊

難読・誤読のおそれのある島名や幾通りにも読めるものを選び、その読みを示したよみかた辞典。島名見出し771に対し、983通りの読みかたを収録。北海道から沖縄まであわせて1,625の島の名前がわかる。部首や総画数、音・訓いずれの読みからでも引くことができる。島名読みから引ける「五十音順索引」付き。

姓名よみかた辞典 姓の部

A5・830頁　定価（本体7,250円＋税）　2014.8刊

姓名よみかた辞典 名の部

A5・810頁　定価（本体7,250円＋税）　2014.8刊

難読や誤読のおそれのある姓・名、幾通りにも読める姓・名を徹底採録し、そのよみを実在の人物例で確認できる辞典。「姓の部」では4万人を、「名の部」では3.6万人を収録。各人名には典拠、職業・肩書などを記載。

データベースカンパニー
日外アソシエーツ　〒143-8550　東京都大田区大森北1-23-8
TEL.(03)3763-5241　FAX.(03)3764-0845　http://www.nichigai.co.jp/